流金歲月·火花圖說中國歷史

（1949—1965）

李伟钦　著
邓桂好　助理

嶺南美術出版社

U0906844

图书在版编目（CIP）数据

流金岁月·火花图说中国历史（1949—1965）/李伟钦著，邓桂好助理. —广州：岭南美术出版社，2009.12
ISBN 978-7-5362-4230-2

Ⅰ.流… Ⅱ.①李…②邓… Ⅲ.①火花—收藏—中国②中国—现代史—史料—1949—1965 Ⅳ.G894 K270.6

中国版本图书馆CIP数据核字(2009)第229101号

策　　划： 翁少敏
责任编辑： 翁少敏　杨　靖
责任技编： 许骏生

流金岁月·火花图说中国历史（1949—1965）

出版、总发行：岭南美术出版社（网址：www.lnaph.com）
（广州市文德北路170号3楼 邮编：510045）
经　　销：全国新华书店
印　　刷：深圳市佳信达印务有限公司
版　　次：2009年12月第1版
2010年1月第1次印刷
开　　本：787mm×1092mm　1/20
印　　张：14
印　　数：1-3000册
ISBN 978-7-5362-4230-2

定　　价：50.00元

序

《流金岁月•火花图说中国历史(1949—1965)》画册是著名火花收藏家李伟钦继出版《中外火花博览》、《世界火花设计精选》、《集邮与收藏》之后，为欢庆祖国60华诞而奉献给大家的又一部新作。

当我翻开这本图文并茂的画册，即时感到一股艺术的魅力和史学的精神扑面而来。艺术是相通的，火花又称火柴盒贴画，国外称火柴标签、寸磷票，它是近代文物，艺术园地的奇葩，属世界五大集藏艺术品之一，与其他字画艺术，陶瓷文物收藏品一样，同是一项收藏投资两相宜的高雅文化活动。

该画册经过精心编辑，遴选佐证历史的经典火花作配图，完整地串起新中国历史发展的每一个片段；客观地记述了1949—1965年这16年时间里国内外所发生的许多大事件；概括性强，文字精练，既具有历史的真实性，又具有广泛的知识性，使人读来饶有趣味，可以让我们从中了解和反思这一段历史。因此，《流金岁月•火花图说中国历史(1949—1965)》可谓是收藏艺苑中一部富有新意的佳作。

李伟钦是一位资深的收藏家，集藏丰富，尤以火花、门券为最。他以非凡的毅力，锲而不舍地集藏中外火花已有52年了，收藏有140余个国家80万余枚中外火花和形状各异的各种火柴实物、原始取火工具等；其多姿多彩的火花展览和集腋成裘的事迹，早已为海内外报刊、电台、电视台等传媒所推介传播，在社会上产生了轰动效应。

李伟钦与火花结缘是出自他自幼对美术、集邮的嗜好，若非亲临其馆观摩他的藏品，与他侃侃细谈，也许未必能真切地感受到李伟钦为收集每一枚火花所付出的艰辛。孩提时的他为完成学校的国庆10周年墙报任务而四处寻觅报头画创作素材，在集邮交流场所，见到北京火柴厂印刷的我国第一套印有天安门、万里长城等名胜古迹的火花，令他欣喜若狂不惜以时价很高的精美苏联飞机邮票去与他人换得此套火花，并自此使他情有独钟而孜孜以求50多年痴迷于集藏火花。李伟钦最难能可贵的是执著追求，玩物不丧志，不自我陶醉，不孤芳自赏。他坚持在业余时间不惜重金从事火花、门券及史料搜集，归类整理藏品，并创建火花协会和门券票证专委会，志在弘扬中华收藏文化，把集藏与研究中国火柴工业发展史结合起来，撰写发表学术文稿600多万字，热心公益事业，举办展览、讲座逾百场次，荣膺首届全国民间收藏及工艺品博览会“十大优秀收藏家”称号，多次向博物馆捐赠收藏品。他2003年应邀作为广州市中法文化交流年•广州文化周代表团成员赴法国里昂市举办“中国火花•门券展览”，成为第一位走出国门举办火花门券展览的收藏家。可看到他所做的业绩是喜人的。由此令我对这位收藏同仁特别赞赏而乐意向读者推荐其人、推介其书。

（本文作者系广东省人民政府参事，广东省收藏家协会主席）

目录

新中国崛起于世界东方

1949年10月1日，中国的历史开辟了新的纪元。首都北京30万军民在天安门广场举行盛大的建国大典，下午3时，天安门广场欢声雷动。人民领袖毛泽东在天安门城楼上庄严宣布：“中华人民共和国中央人民政府成立了！”这个洪亮的声音震撼了北京城，震撼了全中国，震撼了全世界。毛泽东亲手按动电钮，第一面五星红旗伴随着庄严激昂威武雄壮的国歌冉冉上升。与此同时，代表着54个民族的54门礼炮齐鸣28响，如报春惊雷回荡在天地间，它标志着中国共产党领导的中国人民英勇奋斗28年，终于取得了中国新民主主义革命的最后胜利。入夜，整个北京城火树银花，载歌载舞，首都军民在尽情地欢度中华人民共和国的第一个夜晚。中华人民共和国的成立，是一个被压迫民族的解放和新生，是一个社会主义国家历史的发端。中国人民从此当家做主成为国家的主人。

自此，天安门成为了新中国的象征。

天安门原为明、清两朝皇城正门，始建于明永乐十五年（1417年）称承天门。清顺治八年（1651年）重修，改今名。天安门的设计者是明代的匠师蒯祥，人称蒯鲁班，苏州县香山人，生于洪武年间。

天安门总高度为33.7米，城墙高14.6米，砌造在1.6米高的须弥基座上。城台是一座九开间，五进深的木结构重檐歇山式城楼。“九”、“五”是过去中国封建帝王至尊的象征。城楼上的红柱及琉璃瓦顶，菱花格扇门，显得庄重辉煌。天安门前后各立汉白玉华表一对，金水河横贯门前，河上五座汉白玉石桥横跨之上。各安有一对雕刻精致、姿态雄伟的石狮，这些附属建筑与天安门城楼及城楼前44公顷的开阔广场浑然一体，气势磅礴。这便是闻名遐迩的天安门广场。

“新华”牌火花是新中国诞生后，火柴行业最早的出口商标之一。商标图案选取新中国的象征——天安门，并取名“新华”牌，开宗明义树立新中国形象。通过火柴出口让世人认识中国首都的天安门。

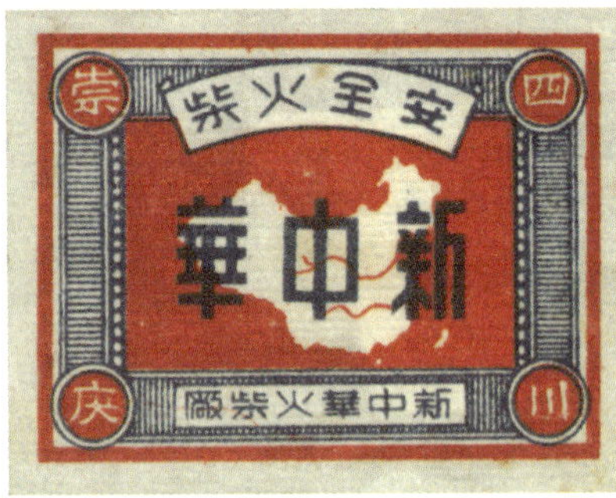

寓意新中国的“中华”牌和“新中华”牌，以及寓意中华之光的“华光”牌、“华中”牌火花。

建国初期，更有一些火柴厂把对人民领袖领导中国共产党，推翻国民党反动统治，让劳苦大众翻身得解放的感恩深情凝注在火花的设计中，印制了“东方红”牌、“朝阳”牌和“欢乐”牌等图文并茂的火花。

萧瑟秋风今又是，换了人间

雄鸡高唱，黎明降临，东方红，太阳升，漫漫长夜结束，新中国辉煌诞生。

为了彻底打碎旧中国剥削阶级对工农大众的精神桎梏，改变落后的生产关系，解放被束缚的社会生产力。建国初期，中央人民政府致力推行土地改革，颁布实施《劳动保险条例》、《婚姻法》、《国家宪法》；迎来曙光的中国老百姓们沉浸在“人民翻身当家做主人”的热烈氛围中，他们为拥有《土地证》、《劳动保险条例》、《婚姻法》和《国家宪法》而感到从未有过的欢欣鼓舞，激发出他们更大的热情，去投入到建国之初的政治活动与经济恢复之中，全国出现了欣欣向荣的局面。

《土地证》是1951年至1952年土地改革基本完成后开始发放的。建国前老解放区的“土改”是同反对国民党政权的革命战争相结合进行的，建国以后，“土改”继续在解放了的广大农村进行。1950年6月，中央人民政府发布了《中华人民共和国土地改革法》。各地土地改革普遍经历了五个阶段，其最后一个阶段就是烧地契，发新证（《土地证》），庆祝翻身，动员生产。经过这次“土改”，全国约有3亿无地或少地的农民分得了约7亿亩土地，摆脱了封建地租的沉重剥削。封建的土地所有制被砸碎，翻身的农民成了土地的主人，农民们有了《土地证》，生产的积极性空前高涨。

《劳动保险条例》是1951年2月16日由中央人民政府政务院颁布的。条例规定：职工数在100名以上的各公私厂家，对患病职工就医，一律由厂方负责治疗费用并发给工资补助和救济金；因公负伤职工，厂方须负担全部治疗费、住院费、膳食费及就医路费，且医疗期间照发工资。《劳动保险条例》生效后截至1952年底，全国享受劳保制度的职工达330万人，享受公费医疗的职工400万人。作为刚刚复苏的中国工业战线，通过实施《劳动保险条例》，广大工人阶级生老病死得到保障，从此摆脱了在旧社会“伤病无钱医，老了踢出门”的悲惨命运，充分体验到了“翻身”的幸福感，找到了在新社会里做主人的尊严。这为党的工作由农村转移到城市，依靠工人阶级，抓紧恢复与发展生产，起到了积极的作用。

《婚姻法》，由中央人民政府于1950年5月1日公布施行。新中国第一部《婚姻法》使中国青年男女，尤其是广大妇女，从几千年封建、野蛮、落后的旧婚姻制度中解放出来；从而建立新的婚姻与家庭关系、新的社会生活和社会道德，对新中国的政治建设、经济建设、文化建设和国防建设产生了很大的作用。

《中华人民共和国宪法》是1954年9月20日经第一届全国人民代表大会通过颁布的中国第一部社会主义宪法，由此结束了由《共同纲领》代替国家宪法的过渡状态。宪法规定：中华人民共和国是工人阶级领导的，以工农联盟为基础的人民民主国家，“一切权力属于人民”，全国人大和各级人大是行使权力的机关，全国人大和各级人大一律实行民主集中制。宪法把中国共产党在过渡时期的总路线和总任务用法律形式肯定下来，它为新中国建立人民民主的国家奠定了巩固的基础，极大地激发了中国人民当家做主的高昂热情。

那个时期印制的火花中，给我们留下了比文字描述更为真实形象的珍贵史料，主要的有1950年澄海火柴厂生产的“珠江”牌子母标火花，其图案描绘了世代生活在广东省城广州市珠江河上的水上人家女孩，喜获翻身解放后欢悦生活和劳作在艇上的情景；广东清远火柴厂的“耕田牌”卷招火花，四川宜宾火柴厂的“耕牛”牌和广州华光火柴厂的“劳动牌”普贴火花，反映了广大农民土改后“耕者有其牛，耕者有其田”的真实景象。1956年汕头耀昌火柴厂的“大丰收”普贴标，图案是一位刚收割后的农妇，右手抱着大捆稻穗，左手高举镰刀，一脸丰收的喜悦，远处是装满沉甸甸稻穗的一辆马车；还有苏北厂的“农人”，宁波正大厂的“丰登”、“丰收”，顺成火柴厂的“农家乐”，上海华光火柴厂的“生产”等牌子的普贴火花，充分展现了新中国农村生产得到恢复，农产品增收的喜人画面，道出了人民大众企盼五谷丰登的美好愿望。还有众多火柴厂印发的“工人牌”、“工农”牌、“工农兵”牌、“三友牌”、“工农联盟”牌、“联盟”牌等等贴标火花，热情讴歌了工人阶级领导的，以工农联盟为基础的人民民主新中国。此外，还有寓意雄鸡高唱，祖国新生的“雄鸡牌”、“鸡球”牌贴标火花；展示劳动人民欢庆翻身，过上幸福生活的“腰鼓舞”“腰鼓”牌、“新生”牌、“翻身牌”、“幸福”牌、“青年”牌火花；而“发展”牌和“前进”牌普贴则祈盼新中国在增加生产，发展建设中向前迈进。

这一时期的火花主要有寓意雄鸡高唱，祖国新生的“大鸡”牌、“雄鸡”牌贴标火花。

1950年澄海火柴厂生产的“珠江”牌子母标火花，其图案描绘了世代生活在广东省城广州市珠江河上的水上人家女孩，喜获翻身解放后在艇上的欢悦生活和劳作情景。

广东清远火柴厂的“耕田”牌卷招火花、四川宜宾火柴厂的“耕牛”牌、广东民光火柴厂的“农夫”牌普贴火花，反映了广大农民土改后“耕者有其牛，耕者有其田”的真实景象。

展示劳动人民欢庆翻身，过上幸福生活的“腰鼓”牌、“新生”牌、“幸福”牌、“青年”牌火花。

幸福
安全火柴
大中華火柴公司出品

腰鼓牌
上等
火柴
新會新亞厰造

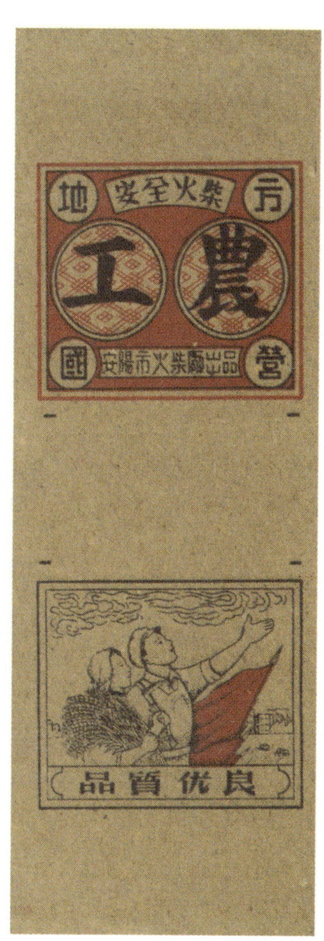

江门光明火柴厂和江门火柴厂1950年前后出品的“工人”牌、“劳动”牌大封标，1964年安阳火柴厂发行的“工农”卷招，展示了工农大众积极投身祖国建设的情景。

1956年汕头耀昌火柴厂的“大丰收”普贴，图案是一位刚收割后的农妇，右手抱着大捆稻穗，左手高举镰刀，一脸丰收的喜悦，远处是装满沉甸甸稻穗的一辆马车。还有苏北火柴厂的“农人”、明华火柴公司的“老百姓”牌卷招，宁波正大火柴厂的“丰登”、“丰收”，顺成火柴厂的“农家乐”，上海华光火柴厂的“生产”等牌子的普贴火花，充分展现了新中国农村生产得到恢复，农产品增收的喜人画面，道出了人民大众企盼五谷丰登的美好愿望。

生产
SHENG CHAN
上海华光火柴厂

丰登牌
安全火柴
公私合营
宁波正大火柴厂出品

农人火柴
公私合营苏北火柴厂

还有众多火柴厂印发的“工人”牌、“劳动牌”、“工农”牌、“工农兵”牌、“三友牌”、“工农联盟”牌、“联盟牌”等贴标火花，热情讴歌了工人阶级领导的，以工农联盟为基础的人民民主新中国。

工農聯盟

聯盟牌
發展生產
繁榮經濟
廣東省合作總社監製

廣東省三水縣
標準規格
工農兵
上等火柴
合作總社選製

三友牌
安全好用
國縈火柴廠造

工農兵
地方国营西南火柴厂

抗美援朝
保家卫国

1950年6月25日，朝鲜内战爆发，“二战”后划分南北朝鲜的“三八线”倏忽隐身于战火硝烟之后。美国从其全球战略利益出发，随即出兵朝鲜，令其在远东的海空军全力支持南朝鲜一方的军事行动，并操纵联合国通过了以“联合国军”名义武装干涉朝鲜的决议（朝鲜战争期间先后有15个联合国成员国派出军队参加）。美国纠集所谓的“联合国军”在朝鲜西海岸仁川登陆，命令海军侵入中国台湾海峡，并不顾中国政府的警告，越过“三八线”继续北犯。是年10月1日和3日，朝鲜人民民主共和国金日成首相两次致电请求中国出兵援助，19日平壤沦陷，10月下旬，美军战火已深入中朝边境鸭绿江畔。

在中国东北（当时中国最重要的工业基地和重要战略区域）的外部安全受到严重威胁的严峻时刻，刚刚成立不到一年的新中国出于国际主义原则和保家卫国的考虑，毛泽东和中共中央经过反复研究讨论，毛泽东首先提出一项战略性措施，迅速抽调军队组建东北边防军，并在当年8月26日周恩来主持召开的第二次国防会议上，毛泽东和中共中央接受黄炎培提出的“以志愿军名义入朝作战，师出有名，则战无不胜”的建议，毅然决定派出中国人民志愿军入朝参战，这就是历史上著名的“抗美援朝”战争。

1950年10月19日，由彭德怀任司令员兼政委率领的中国人民志愿军雄赳赳、气昂昂跨过鸭绿江，进入朝鲜，与朝鲜人民军并肩作战。自此日起到1953年7月27日板门店停战谈判协议签订，经过三年浴血奋战，共歼敌95万人，终于把战线稳定在朝鲜“三八线”附近，赢得了胜利与和平。抗美援朝战争使世界认识到——中国不再是那个任人欺凌的国家，中国已经成为国际事务中不能忽视的力量。当然，中国人民为此付出的代价也是惊人的。入朝的“五战五捷”和上甘岭等战役的胜利，在异国他乡的朝鲜战场上，是无数的志愿军战士用生命和鲜血谱写了一曲曲国际主义辉煌的颂歌。至今仍为人们怀念和熟悉的杰出英雄们有：为保证部队完成整体隐蔽伏击任务，不顾烈火烧身，伏在阵地上纹丝不动而英勇献身的邱少云；上甘岭反击战中，用自己的胸膛堵住了敌人碉堡的枪眼，为部队胜利攻下敌人阵地而壮烈牺牲的黄继光；跳入冰洞抢救朝鲜儿童而光荣牺牲的罗盛教；还有杨根思、吕玉忌、张明禄、刘秀珍、杨从芳、毛岸英等等。正是有着这一个个舍生忘死保卫世界和平的有名的、无名的英雄，中国人民志愿军才能够在抗美援朝战争中创造出惊人的奇迹。

当年我国火柴厂为配合宣传抗议美帝侵占我国领土台湾和抗美援朝而生产印刷的“反帝怒火猛烧纸老虎”、“美帝滚出去”、“国防”牌、“军马牌”、 “抗美援朝，保家卫国”和抗美援朝英雄罗盛教、邱少云、黄继光等火花，都生动形象地记录了这段抗美援朝，保家卫国的历史。

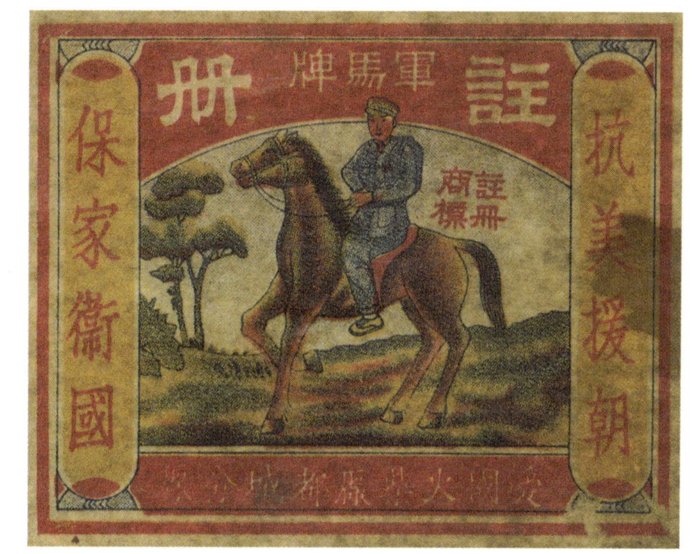

爱国火柴厂都城分厂配合国情，设计印制了一套1+1“军马牌”子母火花，展现了人民志愿军军人骑着战马雄赳赳气昂昂奔赴战场的英姿，左右两边对称印上醒目标语口号：“抗美援朝，保家卫国。”这套火花因此而成为这一主题中的经典火花，极具收藏和史料价值。

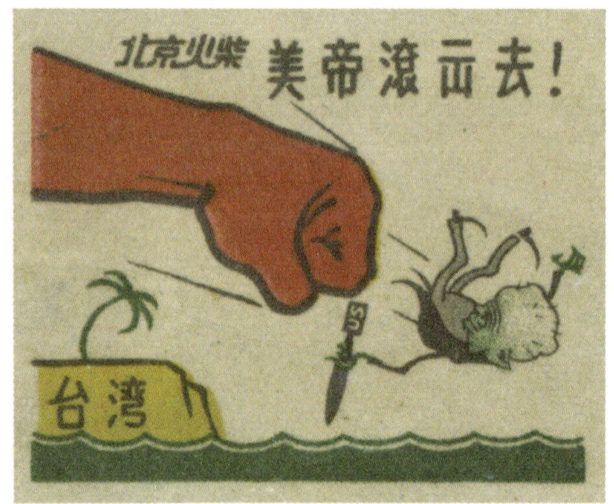

北京火柴厂1959年发行抗议美国入侵台湾的宣传贴标火花。

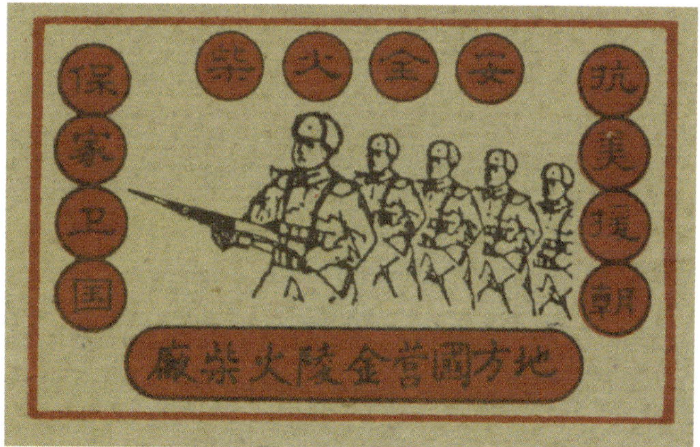

广东茂名联合厂和南京金陵火柴厂1951年发行的“国防”牌和“援朝”牌贴标火花，反映了当年我国志愿军战士雄赳赳走上朝鲜战场“抗美援朝，保家卫国”的历史。

爱国公约运动

1950年10月26日，就在中国人民志愿军拉开入朝作战序幕的第二天，中国人民保卫世界和平反对美国侵略委员会（简称抗美援朝总会）成立。1951年3月14日抗美援朝总会发表《通告》，号召全国人民广泛深入开展抗美援朝运动；此后在其领导下，我国成千上万的人踊跃参加运输队、担架队和医疗队开赴朝鲜前线，大批知识青年积极报考各种军事干部学校，全国人民积极响应党中央“增加生产、厉行节约，以支持中国人民志愿军”的号召，投身到热火朝天的爱国增产节约运动中，并把爱国主义与实际行动结合起来创造了订立爱国公约的好形式；即提倡“说到做到”，承诺与兑现相一致，凝聚决心和力量，爱国公约一旦签订，就成了大家共同奋斗的目标。1951年3月30日，《人民日报》发表了社论《普及爱国公约运动》；6月2日，该报再一次发表《广泛订立并执行爱国公约》，更是推动了该运动向纵深发展；到1951年10月，北京、上海、广州等城市已有80%的人口订立公约，工农各业都不同程度提高了生产效率，极大地促进了新中国的经济建设。

中国出兵朝鲜作战，军事装备和武器弹药主要依靠苏联援助，为了改善志愿军的武器装备，争取早日取得抗美援朝战争的最后胜利。1951年6月1日抗美援朝总会发出《关于推行爱国公约，捐献飞机大炮的号召》，全国同胞不分男女老幼，积极投身爱国增产增收运动，用增收的一部分或全部钱款，购买飞机、大炮、高射炮、反坦克炮等新式武器，捐献给援朝志愿军。到1951年年底止，各行各业各界人士以高昂的爱国热情捐款4.72万亿元（旧币），折合战斗机3152架，超过原定认捐数19%，有力地支持了抗美援朝战争。而这一时期的火花也主要宣传这一主题。1951年前后发行的火花也充分展现了当时全国人民响应政府号召推行爱国公约运动，增加生产，厉行节约，积极捐献的生动情景。

广东南海建国火柴厂为宣传“爱国公约运动”发行的“竞赛”牌贴标，画面展现了一位女生产管理者正在生产竞赛板上描画上升的指标图。云南大理市火柴厂在生产特种双头火柴的盒上印制的一枚“劳模牌”大贴标，展现了工人阶级积极投身爱国节约运动，争当劳模的情景，形象生动，含意深刻。

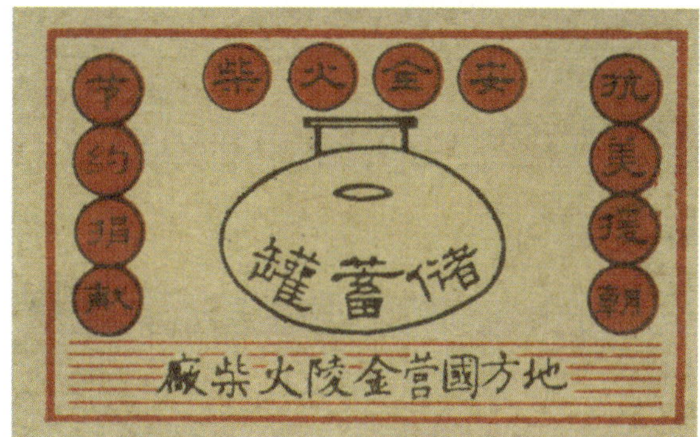

这里是当时各地火柴厂设计印制的宣传“增加生产，厉行节约”，“抗美援朝，节约捐献”，“抗美援朝，努力增产”的贴标火花。

为宣传“抗美援朝，推行爱国节约运动”不少火柴厂都在原传统商标的火花上加印“增加生产，厉行节约”，“发展生产，繁荣经济”等标语口号。

建国初期的爱国卫生运动

新中国诞生后，百废待兴，我国人民不仅面临着旧中国遗留下的社会经济、科学文化落后，思想观念陈旧的局面；还面临着多种传染病，地方病流行，生命和健康受到严重威胁的状况。对此，摆脱疾病的危害，提高人民健康水平，就成为党和人民政府急需解决的一项艰巨任务。1950年8月，首届全国卫生工作会议在北京召开，确定了面向工农、预防为主、团结中西医为新中国卫生工作的三大原则。其后针对1950年美帝侵略军在朝鲜战场和我国东北地区上空投掷大批含有鼠疫、霍乱、伤寒及其他传染病菌的苍蝇、蚊子、跳蚤、虱子等在内的细菌炸弹，妄想让瘟疫在中国境内蔓延的状况。1952年3月14日，政务院召开会议并成立以周恩来、郭沫若、聂荣臻为正副主任委员的中央防疫委员会，领导和组织反对细菌战的工作。此后，在中央防疫委员会的领导下，全国大张旗鼓地广泛开展了一个以消灭病媒为主要内容的防疫卫生运动。因这场反对细菌战争的卫生运动，带有保卫祖国的政治内涵，是在爱国主义思想宣传下发动的，故中央就将该运动定名为“爱国卫生运动”，各级地方上的防疫委员会便称为爱国卫生运动委员会。

1952年12月8日至13日，中央卫生部与军委卫生部在北京联合召开了第二届全国卫生会议。毛泽东为大会题写了“动员起来，讲究卫生，减少疾病，提高健康水平，粉碎敌人的细菌战争”的题词，周恩来作了重要报告。会议总结了近三年贯彻卫生工作的成就和经验，深刻认识卫生工作必须依靠广大人民群众，并使卫生与群众运动相结合，才能取得显著的成绩。根据全国的实际情况，党中央重申确定“面向工农兵”、“预防为主”、“团结中西医”、“卫生工作与群众运动相结合”为卫生工作的四大原则。

随着社会的不断发展，爱国卫生运动也注入了新的内容，以适应社会的需要。1958年2月12日，中共中央、国务院发布《关于除“四害”，讲卫生》的指示；1960年3月，中共中央又颁布了“以卫生为光荣，以不卫生为耻辱”的工作指示，把爱国卫生运动与劳动保护、提高劳动效率以及移风易俗、改造世界紧密结合起来。据1964年新华社报道，全国性的医疗卫生保健网，已在我国初步形成。到1963年年底，全国各级医院的病床，比1949年增加了6倍多；疗养院（所）的正规病床，比1949年增加了20多倍。

根据1965年毛泽东发出“把医疗卫生工作重点放到农村去”的指示，是年8月14日卫生部召开了全国农村医学教育会议，制定了大量培养农村基层医务人员和普遍建立农村医疗卫生网的规划；经过持续不懈的努力，使农村缺医乏药的现象有了根本的改变。

到“文革”前夕时，除害灭病的爱国卫生运动，广泛深入的卫生防病知识的宣传、普及，人民群众自觉参与除害灭病的意识有了很大增强，人们养成了良好的清洁卫生习惯，城乡卫生面貌大为改观。经过全国人民的努力奋斗，天花、鼠疫、黑热病、麻疹、白喉、百日咳等许多传染病的发病率、病死率都有大幅度的下降，有相当一部分地区基本消灭了血吸虫病、丝虫病、疟疾等，人民的健康水平明显提高。

我国当时共有40多家火柴厂生产印制了40多套近200枚（种）火花。通过火花广泛宣传了爱国卫生运动的精神和防病讲卫生的知识。

浙江宁波正大火柴厂1964年印制的卫生宣传火花（普贴6枚×4色/套）以儿童形象入图，一图一口号，通俗易懂，从而达到讲卫生从儿童抓起的教育目的。

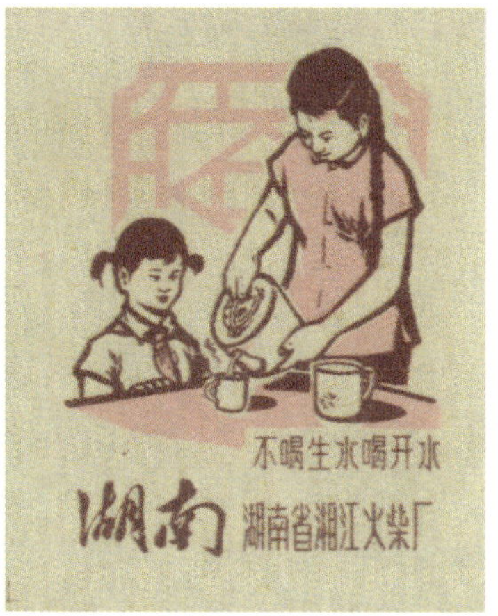

湖南湘江火柴厂发行的卫生宣传火花（普贴16枚×7色/套），通过生动画面全面宣传除害灭病、预防为主和加强身体锻炼等内容。

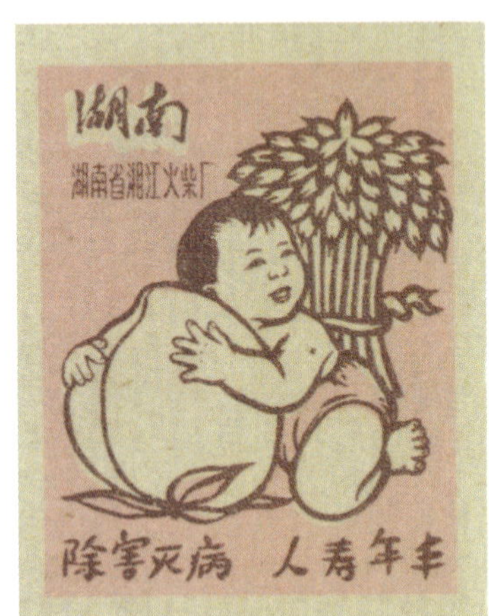
湖南
湖南省湘江火柴厂
除害灭病 人寿年丰

湖南
湖南省湘江火柴厂
锻炼身体 预防疾病

湖南
湖南省湘江火柴厂
预防疾病保健康 身强力壮跨"纲要"

湖南
湖南省湘江火柴厂

湖南
湖南省
湘江火柴厂
讲究卫生 预防疾病

湖南
湖南省湘江火柴厂

湖南
湖南省湘江火柴厂

接种卡介苗 预防肺结核
湖南
湖南省湘江火柴厂

锻炼身体 预防疾病
湖南
湖南省湘江火柴厂

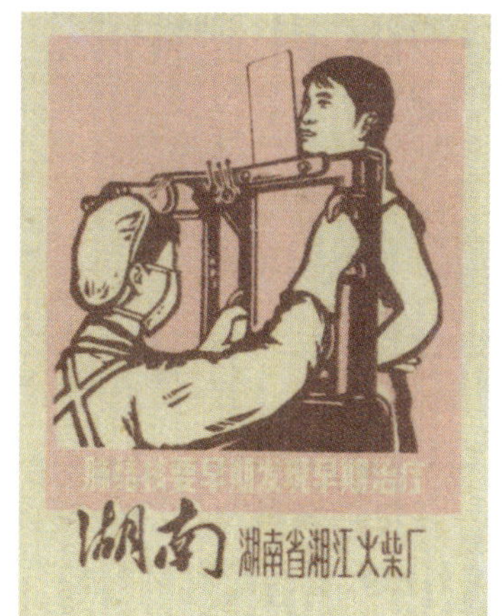
肺结核要早期发现早期治疗
湖南
湖南省湘江火柴厂

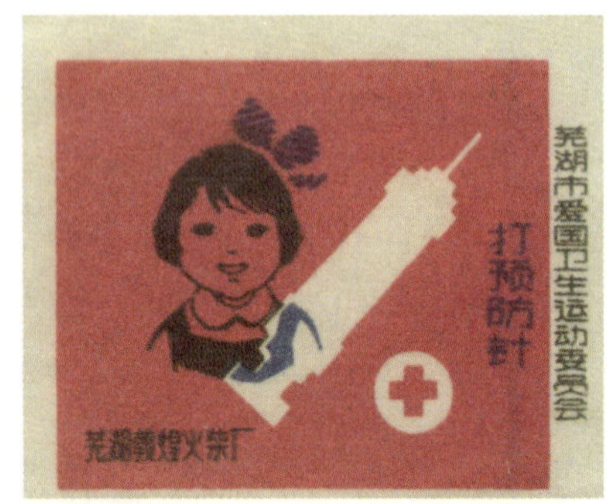

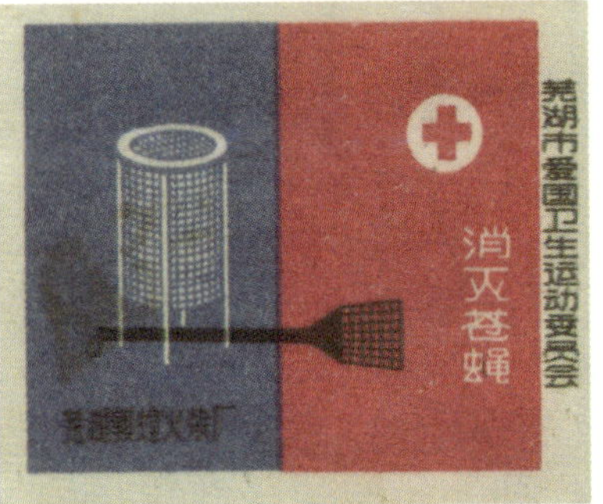

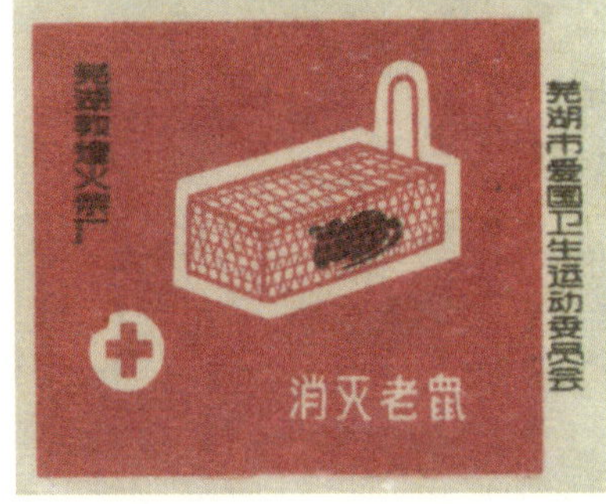

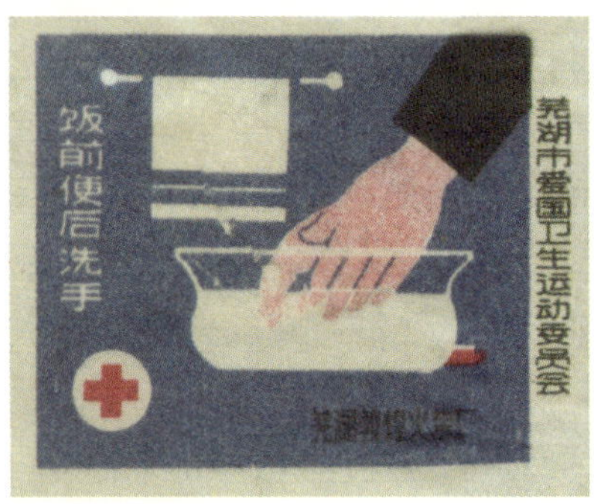

这是1965年由安徽省芜湖市爱国卫生运动委员会委托芜湖敦煌火柴厂印发的讲究卫生、预防疾病滋生的卫生宣传火花（普贴11枚/套），同时又是唯一一套在火花上印有红十字会标志的火花。

环境整洁
芜湖敦煌火柴厂
芜湖市爱国卫生运动委员会

开水
要喝开水
芜湖敦煌火柴厂
芜湖市爱国卫生运动委员会

锻炼身体 防病强身
芜湖敦煌火柴厂
芜湖市爱国卫生运动委员会

芜湖敦煌火柴厂
消灭蚊子
芜湖市爱国卫生运动委员会

芜湖敦煌火柴厂
消灭臭虫
芜湖市爱国卫生运动委员会

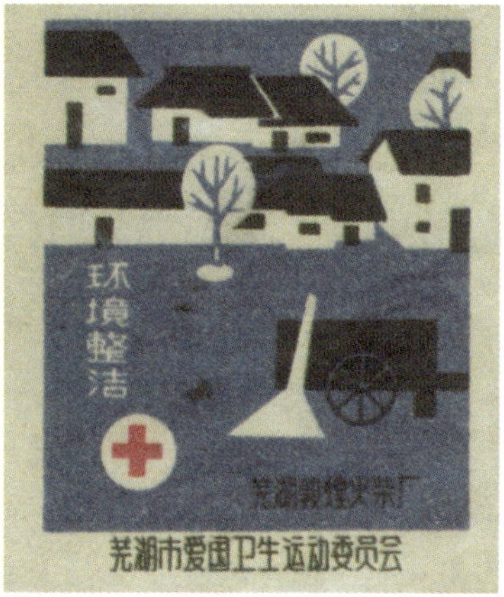

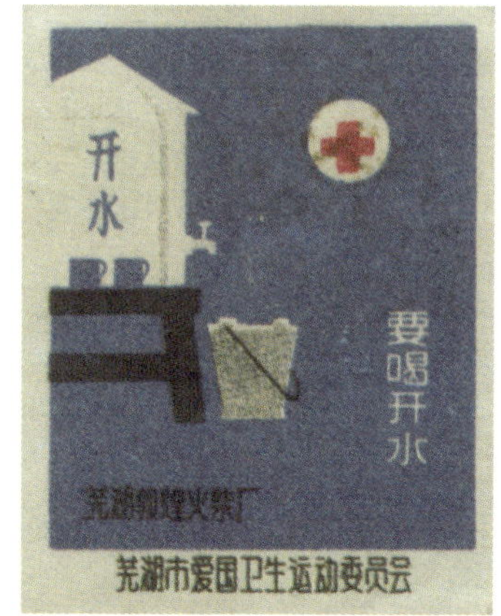

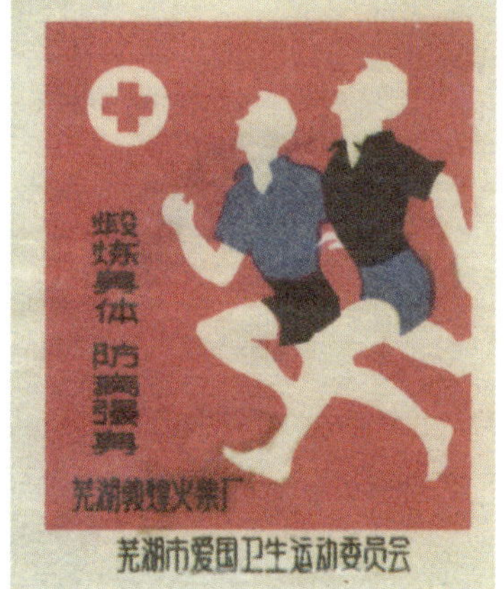

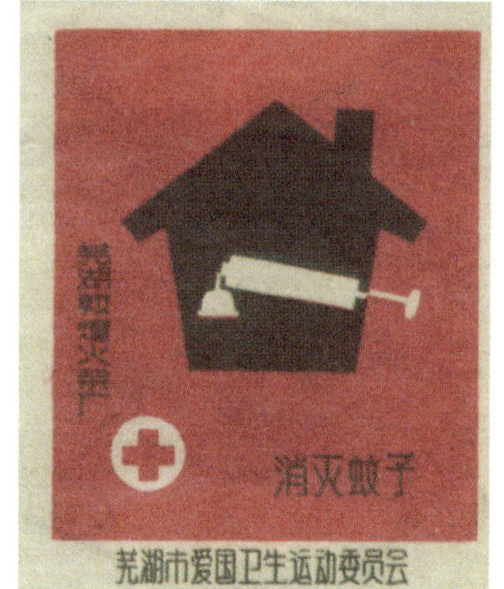

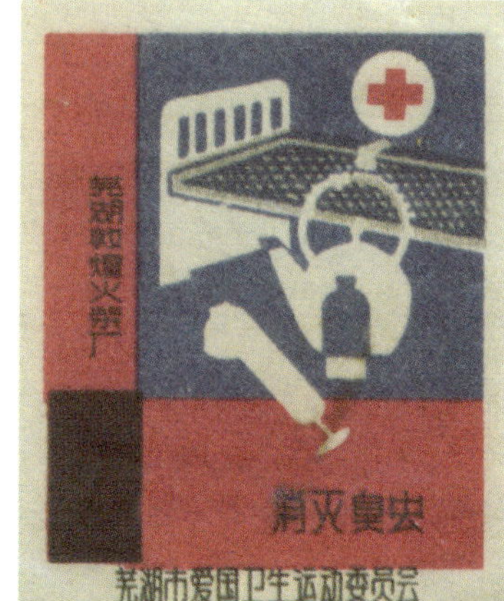

1965年上海华光火柴厂发行的卫生宣传火花（普贴5枚/套）。

1964年南京市卫生教育馆委托南京火柴厂出品的讲卫生系列共有三套，这是其中一套以宣传画形式来体现的（普贴12枚/套）。

食具消毒
南京火柴厂
南京市卫生教育馆
64-4-12-5

饭前便后洗手
南京火柴厂
南京市卫生教育馆
64-4-12-6

消灭钉螺
南京火柴厂
南京市卫生教育馆
64-4-12-7

出门戴口罩
南京火柴厂
南京市卫生教育馆
64-4-12-8

消灭臭虫
南京火柴厂
南京市卫生教育馆
64-4·12-9

消灭蚊子
南京火柴厂
南京市卫生教育馆
64-4·12-10

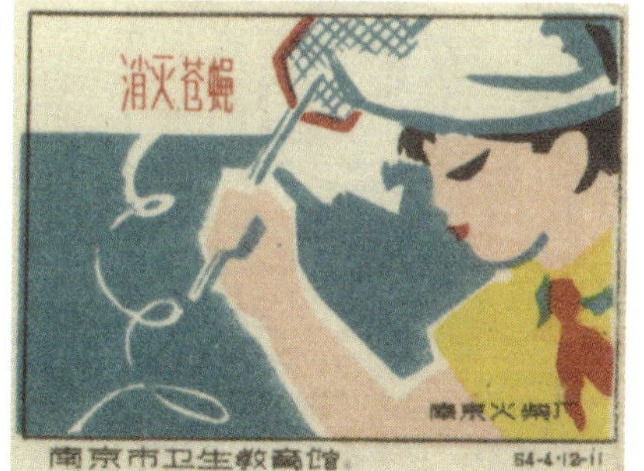
消灭苍蝇
南京火柴厂
南京市卫生教育馆
64-4·12-11

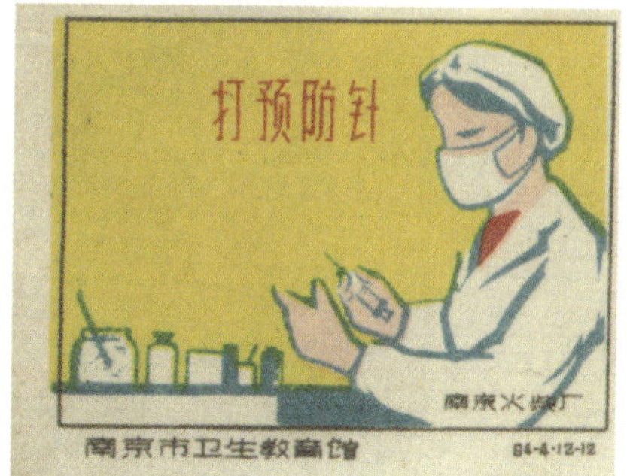
打预防针
南京火柴厂
南京市卫生教育馆
64-4·12-12

1964年南京市卫生教育馆委托南京火柴厂出品的讲卫生系列火花。这是其中的另一套火花（普贴12枚/套），以无锡惠山泥人塑造了12位活泼可爱、讲卫生、爱清洁的儿童形象，具有浓郁的乡土生活气息。

喝开水
不喝生水
南京火柴厂
南京市卫生教育馆
84-6·12-5

讲究饮食卫生
南京火柴厂
南京市卫生教育馆
84-6·12-6

爱清洁 爱劳动
南京火柴厂
南京市卫生教育馆
84-6·12-7

常洗头勤理发
南京火柴厂
南京市卫生教育馆
84-6·12-8

以卫生为光荣
卫生光荣
南京火柴厂
南京市卫生教育馆
64-6-12-

宣传卫生
南京火柴厂
南京市卫生教育馆
64-6-12-10

常洗澡 勤换衣
南京火柴厂
南京市卫生教育馆
64-6-12-11

出门戴口罩
南京火柴厂
南京市卫生教育馆
64-6-12-12

消灭苍蝇
南京火柴厂
65-3 4-1

南京火柴厂印制的富有民俗特色以剪纸艺术入图的卫生宣传火花（普贴4枚/套）。

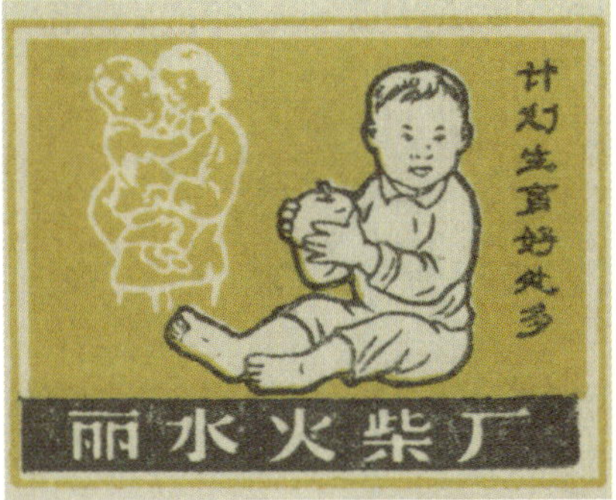

浙江丽水火柴厂1966年发行的卫生宣传火花（普贴4枚/套）。

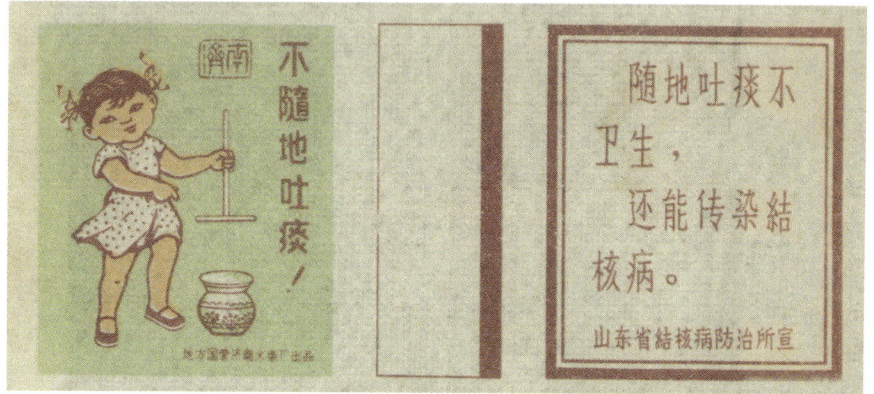

山东省结核病防治所委托济南火柴厂印发的“防痨宣传”火花（卷招2枚/套）。

这是1966年由安徽省结核病防治所委托芜湖敦煌火柴厂印发的“预防结核病，讲究卫生”宣传火花（普贴4枚/套）。

保卫世界和平与“亚太地区和平会议”

和平是人民的福祉，维护和保卫和平应当成为世界的主旋律。历经磨难诞生的新中国人民更是十分珍惜和平，我国政府从建国之日起即致力维护和保卫世界和平运动。1949年10月2日中国保卫世界和平大会在北京举行，通过中国保卫世界和平宣言；1949年12月10日至16日，亚洲妇女代表会议在北京举行，邓颖超代表中国政府作报告，呼吁亚洲妇女为民族独立、人民民主与世界和平而斗争；然而，战争却不以人们的良好愿望为转移。

1950年6月25日朝鲜战争爆发，29日美国派出海军、空军武装干涉朝鲜内战，扩大朝鲜战争，把战火烧到我国东北边境，并命令第七舰队进驻中国领土台湾，旨在制造所谓的“台湾中立化”。新中国在美国的仇华政策下，很快便成了朝鲜战争的直接受害国。

6月28日毛泽东在中央人民政府委员会上，就远东发生的紧张局势阐明了中国政府的严正立场，毛泽东指出：“全世界各国的事务应由各国人民自己来管，亚洲的事务应由亚洲人民自己来管。美国对亚洲的侵略，只能引起亚洲人民广泛的和坚决的反抗。”在这段时期内，我国政府领导人在各种国际性和区域会议上，为争取中国政府的合法权益和维护世界和平进行了坚决的斗争并取得节节胜利，极大地提高了新中国的国际形象和影响力。

为了唤起世界人民的警觉，在中国政府的倡议下，1952年10月2日北京举行了“亚洲及太平洋区域和平会议”。出席这次会议的有34个国家的378位代表和列席代表。中国代表团团长宋庆龄致开幕词《动员起来，为亚洲太平洋区域与全世界的和平而斗争》，郭沫若作题为《团结一心保卫和平》的总报告。会议听取了各国关于文化经济交流、保护妇女儿童和关于缔结五大国和平公约的报告等，通过了《告世界人民书》、《致联合国书》、《关于朝鲜问题》等12项决议。成立亚太地区和平联络委员会，推举宋庆龄为主席。13日会议结束，是日下午首都各界人士5万人在太和殿集合庆祝会议胜利闭幕。10月15日《人民日报》发表评论，赞扬这次大会为亚洲及太平洋地区16亿人民制订了一部争取保卫和平以及争取保卫民族独立的具体行动纲领。大会推动了亚太地区和平事业的发展，其历史意义是深远的。

为了配合宣传保卫世界和平与亚太地区和平会议的伟大意义，我国的火柴厂印制了一批纪念火花。其中“祝贺亚洲及太平洋区域和平会议”是天津中华火柴厂为大会期间来宾使用的火柴而印制的大盒贴标。其图案采用了西班牙著名画家毕加索所绘名画《和平鸽》入图，凸现会议主题，左右两边饰以橄榄枝和展翅飞翔的小鸽子，是这个时期此类题材火花中最具意义、 最经典的作品。

四川省泸州市恒利火柴厂的“世和牌”，安庆市光明火柴厂的“和平牌”贴标，广东肇庆兴民火柴厂的“和平牌”加盖“争取持久和平”印章卷招和斜菱形贴标，采用中国50年代风行一时的“男女儿童怀抱和平鸽年画”入图的福建长汀火柴厂贴标等，都形象地展现了中国人民热爱和平，造福后代的美好愿望。

这是当年捷克斯洛伐克共和国为在北京举办的“捷克斯洛伐克工业展览会”特别印制的印有“世界和平万岁”口号的纪念火花。

这枚大封标是20世纪50年代配合维护世界和平运动宣传设计印制的“鸽子·地球”牌子母标火花中的出口商标（生产厂家是广东南海公益火柴厂，由中国百货公司广东省公司特选出品）。

中苏友好与“东风压倒西风”

开国之初，针对美国敌视、孤立、封锁中国的政策，党中央和毛泽东作出“一边倒”的战略方针后为1949年9月全国政协通过的《中国人民政治协商会议共同纲领》所采纳。即站在以苏联为首的和平、民主、社会主义阵营一边，反对以美国为首的帝国主义的侵略战争政策。因此，巩固中苏两个社会主义国家以及东欧国家的邦交，发展中苏以及东欧等国家人民的友谊，使社会主义的力量对于帝国主义的力量占压倒的优势，形成“东风压倒西风”的强大阵势。在开国之初就显得格外重要。

为了加强中苏两国的友好关系，1949年10月3日中国与苏联建立外交关系，10月5日，中苏友好协会总会在北京举行成立大会，选举刘少奇为总会会长，宋庆龄等七人为副会长。大会还通过了《中苏友好协会章程》，总会的成立，将中苏友好活动推向了一个新阶段，各地人民群众踊跃参加协会，举办了讲演广播、戏剧、歌咏以及放映苏联、东欧电影、图片，举办工农业产品展览等形式多样的广泛宣传教育活动。

在中苏友好的热潮中，应斯大林的邀请，1949年12月至1950

年2月，毛泽东和周恩来相继访问苏联，经与斯大林、维辛斯基会谈，1950年2月14日，中苏两国在莫斯科缔结《中苏友好同盟互助条约》，缔约后，按规定中苏两国在政治、经济、文化等领域成为友好合作伙伴，到1954年10月共签订了“156项”，成为我国“一五”计划中的主要项目，这些对恢复和发展新生的中国国民经济是缺之不可的。在苏维埃的援助下，我们得到了急需的资金、技术、人才、管理知识以及各种重工业的机器设备和原材料，到1957年止，项目的建成投产，形成了我国第一批现代化企业，增强了中国重工业和国防军事工业的能力，填补了一批技术领域的空白，为我国初步建立了独立自主、自力更生、发展国民经济的工业技术基础，并且取得了建设大型现代化项目的初步经验。苏联对新中国的国防地位的提高和建设事业的发展是作出了贡献的。

也正因此苏联成为了新中国在50年代所崇敬的“老大哥”。那蜜月般的中苏情谊岁月，在现今我国中年以上的人们印象中，苏联的形象总是伴随着威武的队伍，恢宏的建筑，粗犷的个性，富强的国家，悠扬的歌曲，曾经成为人们对苏联老大哥感觉温暖而亮丽的美好记忆；50年代这种水乳交融的中苏友谊还一度左右了中国人民的美感，在如今的老年合唱团和怀旧电视节目、收藏品展示中也隐约流露出来。

我国及苏联、东欧国家20世纪50年代的火花记载了这种兄弟般的中苏友谊历史。苏联发行的“苏中友好”大贴标，以两大巨手紧握表现蜜月期的中苏友好关系；北京火柴厂的“友谊”牌火花图案是北京“苏联展览馆”（即今称北京展览馆）的建筑造型。此建筑是1954年根据《中苏友好协定》苏联要在北京举办工业展览会，在苏方建议下在北京兴建的，由苏联科学院、通讯院士安德列耶夫设计和主持建造的具传统典型俄罗斯格调的建筑物。1959年广州巧明火柴厂印制的出口火柴商标“广州十三景”套花中，也将1955年在广州专为举办“苏联经济及文化建设成就展览会”而兴建的“中苏友好大厦”入选著名人文景点，对外广泛宣传；当年由中苏两国设计师共同设计建造的广州中苏友好大厦宏大、庄严、瑰丽，总体占地面积11.4万平方米，建筑面积1.83万多平方米，每天可容纳3万人次以上的观众参观。从大厦的正门进去，迎面是一尊高7.7米，坐落在6.5米高的底座上的巨大塑像——一个中国工人和一个苏联工人相互紧握右手，苏联工人的左手高举着凌空飘扬的旗帜，中国工人左手拿着一卷建设蓝图，两人携手并肩迈步向前，象征着中苏两国人民牢不可破的友谊和团结共进。这是苏联著名雕刻家斯大林奖章获得者烈夫·亚非维奇·凯尔别和乌克兰苏维埃社会主义共和国功勋艺术家烈夫·达维达维奇·莫拉温两人的杰作。塑像的后面是一个1万多平方米的广场，中心有一个39米长，16米宽的喷水池。跨过大厦广场便是三层楼的中央大厅。大厅高23米，六对从地面直矗楼顶的大柱构成了大厅宽阔的大门。大门上方嵌着苏联国徽和一个红五星及苏联国名的俄文缩写“CCCP”四个巨大的字母。

除此还有不少佐证“东风压倒西风”论的火花作品，四川省江北县福星火柴厂当年设计印制的两枚“东风”贴标，图案印有北京天安门和莫斯科克里姆林宫，还有捷克斯洛伐克特别为该国在华举办工业展览会而发行的世界和平万岁纪念火花，都形象展现以中苏为代表的和平民主阵营，生动宣示“东风”阵营壮大巩固发展，必然压倒以美帝为代表的帝国主义“西风”阵营，为维护世界和平作出贡献。

福州火柴厂“友好”牌大贴标，展现中苏两国人民友好形象的背景为放射光芒的北京天安门和莫斯科克里姆林宫。四川省江北县福星火柴厂出品的“东风”牌贴标（2枚/套），是佐证“东风压倒西风”论的经典火花。

1959年广州巧明火柴厂印制的出口火柴商标“广州十三景”套花中，也将1955年在广州专为举办“苏联经济及文化建设成就展览会”而兴建的“中苏友好大厦”入选著名人文景点，对外广泛宣传。

1959年，北京市火柴厂的“友谊”牌1×3色火花大贴标图案是北京“苏联展览馆”（即今称北京展览馆）的建筑造型。此建筑是1954年根据《中苏友好协定》苏联要在北京举办工业展览会，在苏方建议下在北京兴建的，由苏联科学院、通讯院士安德列耶夫设计和主持建造的具传统典型俄罗斯格调的建筑物。

“一化”、“三改”的总路线

在我国恢复国民经济的三年时间里，我们既要解决民主革命的遗留问题，又要抓紧经济生产的恢复和发展，毛泽东、党中央围绕过渡时期的经济建设方针和总路线进行了认真的探索和研讨。鉴于1949年到1952年这段时间，经过中国人民齐心协力，“三套锣鼓一齐敲”，土地改革，抗美援朝，镇压反革命的诸项工作胜利完成，我国国营工业在现代工业中的比重已增至5%，国营商业的批发营业额已占批发营业总额的60%。1952年8月4日，毛泽东在政协第一届全国委员会第38次会议上宣布，过去想国民经济是否三年可以恢复，“经过两年半的奋斗，现在国民经济恢复，而且已经开始有计划地建设了”。

解决向社会主义过渡的首要问题，即如何确定资本主义工商业向社会主义过渡的途径。1953年三四月间，中共中央统战部组织了包括国家计委和工商管理局参加的调查，由中共中央统战部部长李维汉带队，赴武汉、上海、南京、无锡、济南等地进行调查研究。5月，根据调查研究的结果，李维汉向中央提交了《关于资本主义工业中的公私关系问题的调查报告》。在这份报告的结尾，明确地向中央建议：经过国家资本主义，特别是公私合营这一主要环节，实现对资本主义所有制的变革。李维汉的这份报告受到毛泽东和中共中央的高度重视。6月15日，中共中央召开政治局会议，对李维汉的报告进行了讨论。会上，毛泽东第一次对社会主义过渡时期的总路线和总任务的内容，提出了比较完整的论述，并开始作为党的政策方针正式向下传达。

《人民日报》于1953年9月25日正式公布了党在过渡时期的总路线。该报指出：实现社会主义工业化，这是国民经济发展的基本要求，又是实现三大改造的物质基础，而实现对农业、手工业和资本主义工商业的社会主义改造又是实现国家工业化的必要条件。两者互相依赖，相辅相成，社会主义建设和生产资料所有制的社会主义改造同时并举，是这条总路线的基本特点。

1953年12月，由中共中央宣传部拟订，经毛泽东修改和中共中央批准《为动员一切力量把我国建设成为一个强大的社会主义国家而奋斗——关于党在过渡时期总路线的学习和宣传提纲》，对总路线作了更为完整的表述："从中华人民共和国成立，到社会主义改造基本完成，这是一个过渡时期。党在这个过渡时期的总路线和总任务，是要在一个相当长的时期内，逐步实现国家的社会主义工业化（一化），并逐步实现国家对农业，对手工业和对资本主义工商业的社会主义改造（三改）。这条总路线是照耀我们各项工作的灯塔。各项工作离开它，就要犯‘右’倾或‘左’倾的错误。”

1954年2月10日，党的七届四中全会通过决议，批准了中央政治局提出的党在过渡时期的总路线。9月20日，在北京举行的一届人大第一次会议通过的《宪法》把总路线和总任务用法律形式肯定下来。这样一个宣传贯彻总路线的热潮很快在全国兴起，社会主义改造蓬勃展开。到了1956年底，中国基本上完成了对农业、手工业和资本主义工商业的社会主义改造。

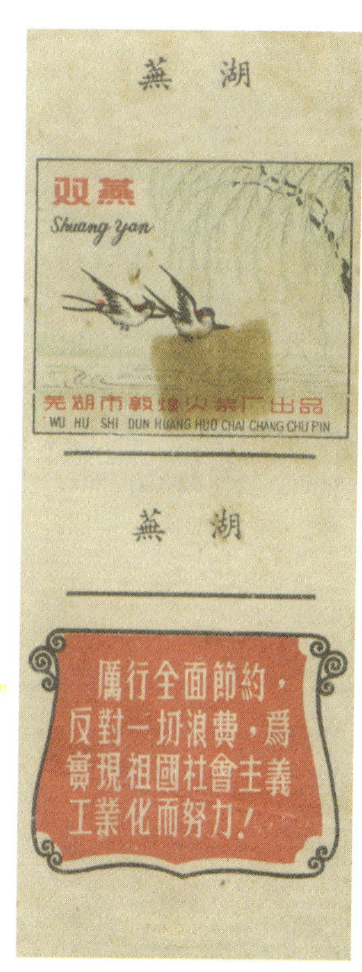

这枚大封标是广西桂林火柴厂1960年为配合“各行各业支援农业”的时政口号而设计印制的。

长青
大力支援农业
发展农业生产
国营青岛火柴厂出品

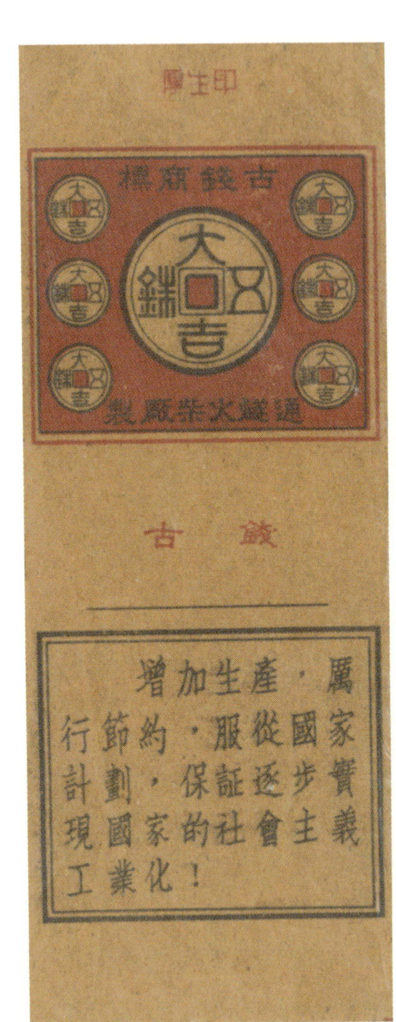
印生厚
古錢商標
大吉五銖
通燧火柴廠製
古錢
增加生產，厲行節約，服從國家計劃，保証逐步實現國家的社會主義工業化！

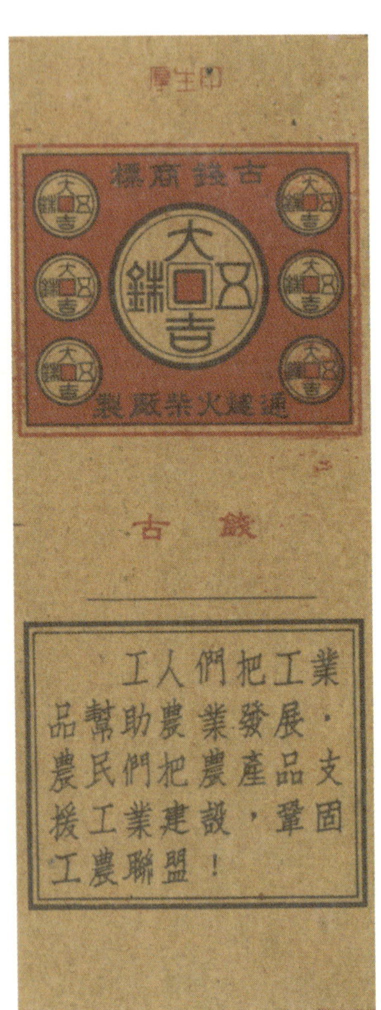
印生厚
古錢商標
大吉五銖
通燧火柴廠製
古錢
工人們把工業品幫助農業發展，農民們把農產品支援工業建設，鞏固工農聯盟！

新中国第一个五年计划

1953年元旦，《人民日报》社论《迎接1953年的伟大任务》指出："1953年将是我国进入大规模建设的第一年"。将"开始执行发展国民经济的第一个五年计划"。

"一五"计划（1953—1957年），它是以实现社会主义工业化为中心，根据党在过渡时期的总路线和总任务而制定的。新中国成立后，经历了三年经济恢复阶段，走上有计划的经济建设轨道的必由之路。从1951年毛泽东提出"三年准备，十年计划经济建设"的思想的同时，周恩来、陈云已经开始负责领导新中国"一五"计划的编制工作。"一五"计划是实现过渡时期总任务的根本保证。因此毛泽东和党中央极为重视，反复调查，多次研究，经五次编制，历时四年多修订而成。早在1951年春就开始由中央人民政府政务院财经委着手试编；1952年中共中央发出《关于编制1953年计划及长期计划纲要的指示》；1952年8月，中财委编出"一五"计划轮廓草案；1953年4月，中央批准下达1953年国民经济计划提要；同年，中财委会同国家计委根据中央指示，并参考苏联国家计委意见，对"一五"计划纲要又进行了修改。

1954年4月19日，中央正式成立编制“一五”计划纲要八人小组，陈云任组长，开始第一个五年计划的全面编制工作。1955年3月31日，中共全国代表会议同意中央委员会提出的第一个五年计划报告。同年6月，中央对“一五”计划草案作了适当修改，7月30日，全国人大二次会议审议通过。“一五”计划中就明确规定，五年计划的基本任务之一是：“集中主要力量进行以苏联帮助我国设计援建的156个建设单位为中心的，由限额以上的694个建设单位组成的工业建设，建立我国的社会主义工业化的初步基础。”

从1953年开始的第一个五年计划，掀起了国内大规模经济建设的浪潮。以苏联援助的156个大型项目为核心，中国开始了自己的工业化进程。7月13日，长春第一汽车制造厂第一辆国产解放牌汽车下线。接着，第一架国产喷气式歼击机在沈阳试飞。年底，鹰潭至厦门铁路铺轨工程全部完工……1955年7月1日，我国解放后在黄河上修建的第一座铁路大桥——兰（州）新（疆）铁路黄河大桥建成通车。1957年10月15日，隆重举行武汉长江大桥落成典礼，这是我国第一座横跨长江的大桥，比计划提前两年竣工。

“一五”期间，我国开展了大规模的经济建设，奠定了我国工业化的初步基础，五年时间使工业生产提高了一倍。“一五”计划胜利实施，无疑离不开苏联对我国的巨大援助，中国人民也不会忘记苏联“老大哥”这些无私的援助。正如1981年3月，中共中央起草《关于建国以来若干历史问题的决议》时，陈云特意对文件的起草人之一邓力群说：“第一个五年计划中的156项，那确实是援助的，表现了苏联工人阶级和苏联人民对我们的情谊。”

在“一五”期间大张旗鼓的宣传学习热潮中，我国各地火柴厂设计印制了一批宣传火花，既有奋斗目标的口号用语，也有表现“一五”在建项目的具体图像宣传。

这类火花在一定意义上是反映当时历史的不可复制的文化遗产，因此使其收藏价值日益珍贵。

广东汕头耀昌火柴厂二厂发行的一套1+1“大建设”牌子母标，绘画了一位身穿当时十分时尚的吊带裤、白衬衫工人服饰的新中国建设者左手夹着一部《大建设计划》书，右手上扬举起并点示商标牌子“大建设”，背景印上兴旺发展中新中国工农业生产的图景，极其生动形象地展示了全国人民正投身于新中国大建设高潮中的深刻内涵。

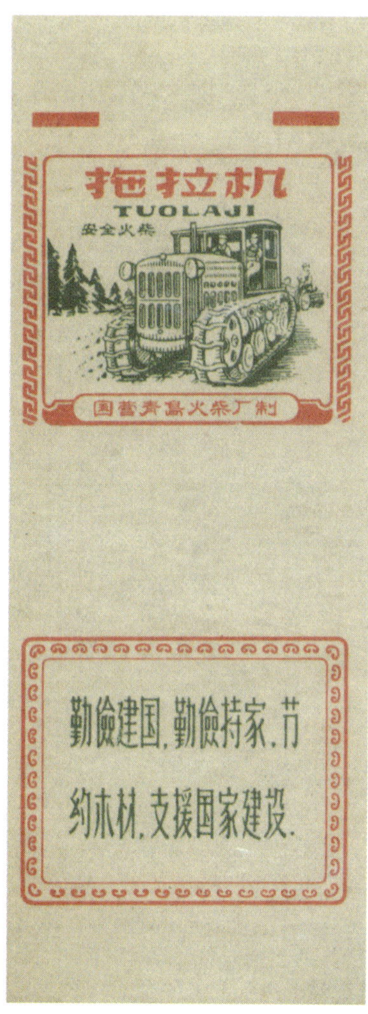

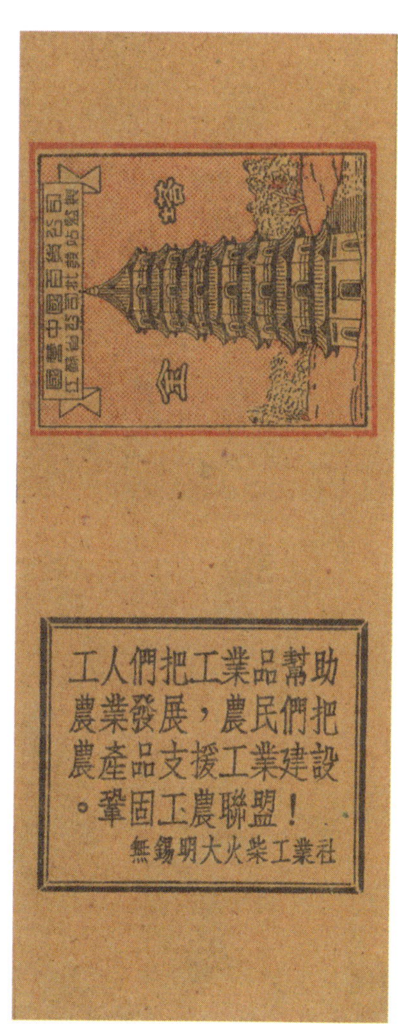

这是“一五”期间各地火柴厂印制的部分宣传口号用语的卷招火花。

南通火柴厂当时发行的展现农业电力、科学种田主题的火花（普贴2枚/套）。

这是各地火柴厂当时配合国家的“一五”计划而设计印制的宣传农业、林业、牧业生产发展的火花。

安
全
牧羊火柴
火
柴
地方国营烏魯木齐火柴厂造

丰收
Feng shou
安全火柴
山西省平遥火柴厂

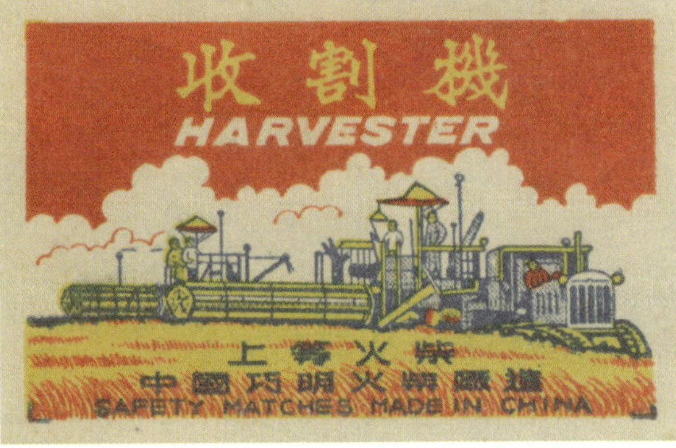
收割機
HARVESTER
上等火柴
中國巧明火柴廠造
SAFETY MATCHES MADE IN CHINA

河網化
公私合營蚌埠福昌火柴厂

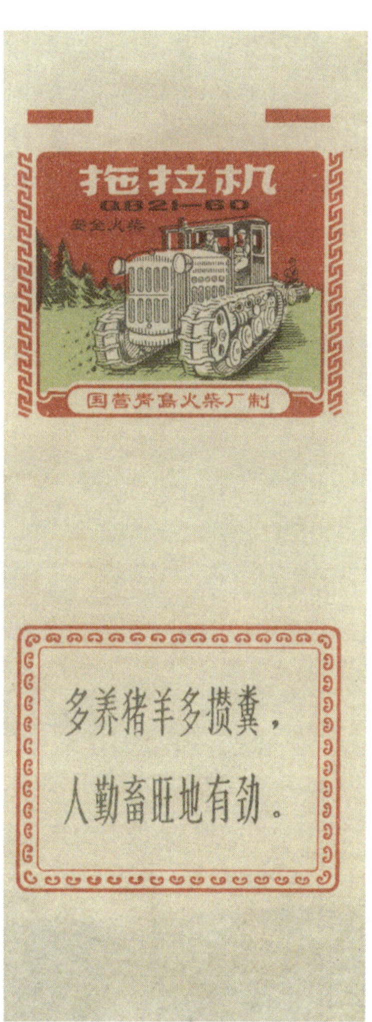

1958年青岛火柴厂为宣传“一五”计划而设计印制的农谚宣传火花（卷招3枚/套）。

天津中华火柴厂、渠县三汇火柴厂和东山火柴厂当年印制的展现“一五”期间根治黄河水害，开发农业、水利方面的火花。

这是各地火柴厂当时配合国家“一五”计划而设计印制的宣传海港建设发展的火花。

这是各地火柴厂当时配合国家的“一五”计划而设计印制的宣传航海运输事业发展的火花。

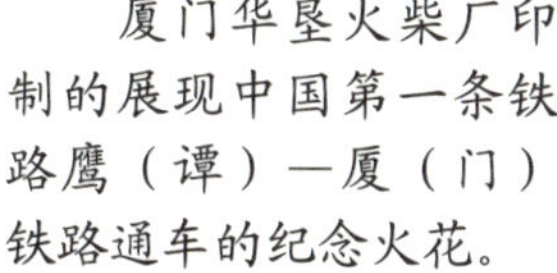

厦门华垦火柴厂印制的展现中国第一条铁路鹰（谭）—厦（门）铁路通车的纪念火花。

宜宾火柴厂、重庆火柴厂当年印制的展现兰（州）新（疆）铁路全线通车的纪念火花。青岛振华火柴厂印制的宣传铁路运输事业发展的火花。

这是各地火柴厂为配合“一五”计划而设计印制的宣传祖国工业建设大发展的火花。

这是当时广东罗定火柴厂和北京火柴厂为配合“一五”计划而设计印制的宣传航空事业发展的火花。

这是当时一些火柴厂为配合“一五”计划而设计印刷的宣传公路运输事业发展的火花。

这是重庆火柴厂选取全国工人版画展览获奖作品入图宣传“一五”成就的火花（普贴一版12枚/套）。

武汉火柴厂“一五”期间印制赞颂我国第一座横跨长江的武汉大桥提前两年竣工的纪念火花。（苏联援建156项目中的一个主要项目）

制定社会主义建设大政方针的“八大”

1956年9月15日至27日，中共第八次全国代表大会在北京举行。毛泽东致开幕词，刘少奇作政治报告，邓小平作关于修改党章的报告，周恩来作关于发展国民经济的第二个五年计划的建议报告。朱德、陈云等68人作了发言。“八大”是在我国社会主义改造基本完成的历史转折时期召开的，也是我们党在建国后第一次召开的全国代表大会。这次大会制定了社会主义建设的大政方针。

“八大”科学地分析了国际国内的形势，指出：社会主义制度在我国已经基本上建立起来；国内主要矛盾已经不再是工人阶级和资产阶级的矛盾，而是人民对于经济文化迅速发展的需要，同当前经济文化不能满足人民需要的状况之间的矛盾。因此提出党的主要任务是集中力量发展社会生产力，实现国家的社会主义工业化。大会坚持了既反保守又反冒进，即在综合平衡中稳步前进的经济建设方针。大会强调要坚持民主集中制和集体领导制度，反对个人崇拜，健全社会主义法制。但是“八大”这些基本原则，后来没有得到贯彻执行。

邓小平在党的“十二大”开幕词中对“八大”作了历史的全面的评价。他说：“1956年召开的党的第八次全国代表大会，分析了生产资料私有制在社会主义改造基本完成以后的形势，提出了全面开展社会主义建设的任务。‘八大’的路线是正确的，但由于当时我们党对全面建设社会主义的思想准备不足，‘八大’提出的路线和许多正确意见没能在实践中很好兑现，使‘八大’以后，党在领导人民群众取得社会主义伟大建设成就的同时，发生和发展了‘左倾’错误。特别是党的八届三中全会召开，毛泽东指出：‘无产阶级和资产阶级的矛盾，社会主义的道路和资本主义道路的矛盾，毫无疑问，这是当前我国社会的主要矛盾。’”从而改变了“八大”路线中对我国社会主要矛盾的正确论断，将“建设问题”置于“革命问题”之后。至党的八届十中全会“千万不要忘记阶级斗争”口号的提出，致使我国国民经济在一个较长的时期内发展迟缓，我国的社会主义事业发展速度遭受了严重的挫折。

1956—1957年前后苏州鸿生火柴厂、大中华火柴公司上海荧昌厂、南通通燧火柴厂和长沙华新火柴厂印制的卷招的背标，醒目地宣传“八大”路线中的口号用语，至今清晰可见。

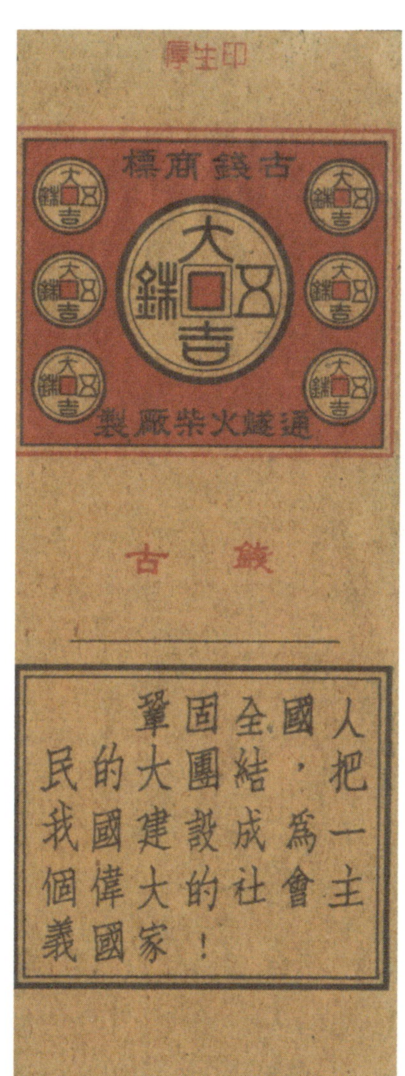

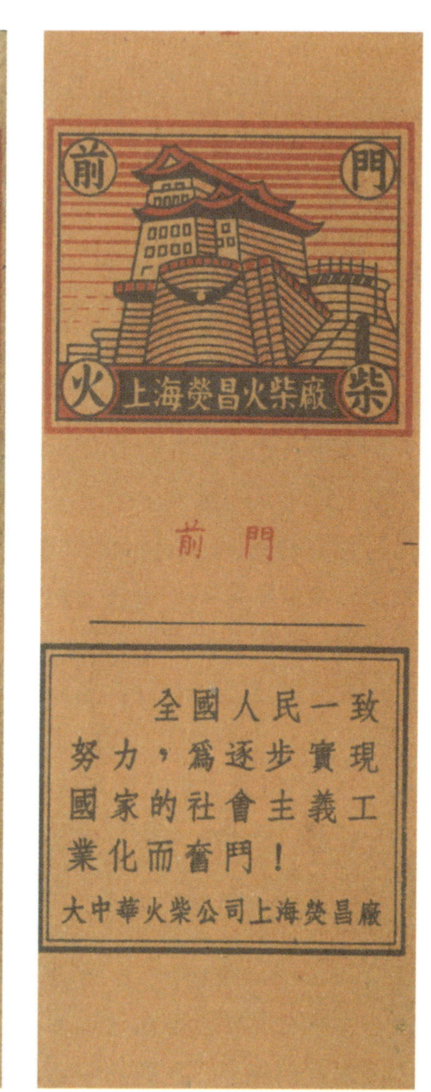

江苏通燧火柴厂、上海荧昌火柴厂当年为配合“八大”路线宣传设计印制了各4枚/套的副标印宣传标语口号的卷招，这是其中两枚。

突出政治跨农业纲要

从历史上看，1958年的“大跃进”运动，始于1955年下半年开始的“小冒进”。

问题开始于农业合作化运动中。1955年10月4日—11日毛泽东在北京主持中共七届六中全会（扩大），会议重点批评党内在农业合作化问题上的所谓“右倾保守思想”，对农业合作化运动中过急过快等错误有直接的影响。11月毛泽东在杭州、天津分别同14个省及自治区的党委书记就全国农业发展问题交换意见，在急躁情绪的感染和鼓励下，主持制定了《农业十七条》。12月21日，中共中央将《十七条》发至各地征询意见。此后，随着对“右倾保守思想”批评的不断升级，1956年1月上旬在加速建设社会主义的思想指导下，毛泽东又开始主持对《农业十七条》进行补充和修订，制订了一个包含内容更广泛、数量指标更高的《1956年到1967年全国农业发展纲要（草案）》（简称农业40条）。同年1月26日，中共中央向全国人民正式公布了这一《纲要（草案）》。后经多次修订，于1960年4月，人大二届二次会议通过并正式颁布《纲要》。这是一个“多快好省”地发展社会主义农业的纲要。纲要的中心任务，是要求在农业合作化的基础上，迅速地、大规模地增加农作物的产量，发展农、林、牧、副、渔、盐等生产事业。要求粮食、棉花的产量每年应分别以8%、10%的速度递增，从而保证到1967年分别达到1万亿斤和1万万担。一时间，全国农村迅速出现了大搞农田基本建设的群众运动，揭开了“大跃进”的序幕。

多少年过去了，党的十二大以后，国务院有关部门提出，我国粮食生产1990年达到8200亿斤，而这时我国人口已从6亿增长到11亿。有了这种比较，不难看出当年的指标高到了何种程度。

这一时期的火花全面展示了《纲要》的内容，为我们留下了较完整的史料，让我们在欣赏设计精美、形式多样、富有民族特色的火花的同时，也接受了一次历史的反思。

湖南郴州火柴厂1966年发行的“突出政治跨农业纲要”火花（普贴10枚/套）。

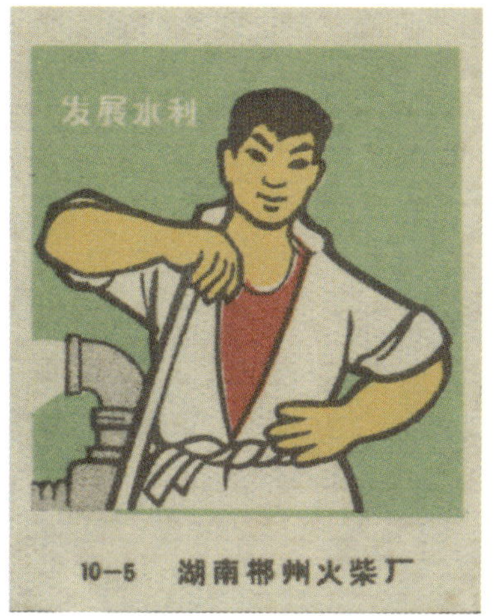
发展水利
10-5　湖南郴州火柴厂

大力增加肥料
化学肥料
10-6　湖南郴州火柴厂

防治和消灭病虫害
10-7　湖南郴州火柴厂

精选良种
10-8　湖南郴州火柴厂

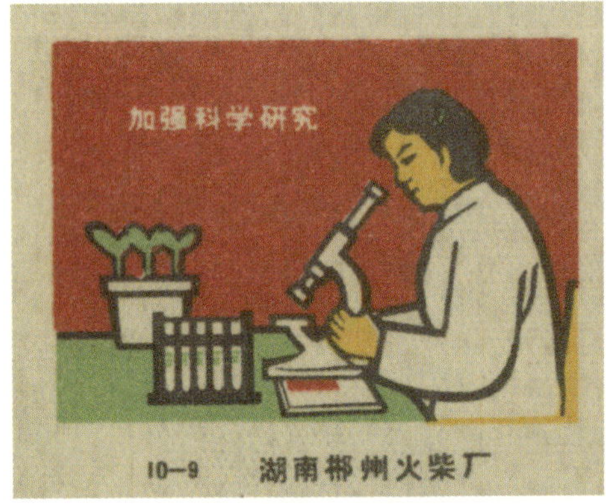
加强科学研究
10—9 湖南郴州火柴厂

发展畜牧业
10—10 湖南郴州火柴厂

1966年浙江杭州火柴厂生产的宣传农业“八字宪法”的火花(普贴8枚/套)。

杭州火柴
新式农具 工效提高

杭州火柴
积足肥料 力争高产

杭州火柴
合理密植 稻谷丰登

杭州火柴
办好水利 旱涝不怕

云南曲靖火柴厂1967年出品的宣传“农业跨纲要”题材火花（普贴8枚/套）。

精耕细作
保证粮食大丰收
曲靖火柴厂出品
QUJING HUOCHAI

巩固集体经济
开展多种经营
QUJING HUOCHAI
曲靖火柴厂出品

兴修水利
QUJING HUOCHAI
曲靖火柴厂出品

全面发展渔业生产
QUJING HUOCHAI
曲靖火柴厂出品

福州火柴厂当年设计印制一套宣传农业跨纲要·农林牧副渔盐并举的火花（普贴6枚/套）。

牧
福州火柴
农林牧付渔盐 6—3

付
福州火柴
农林牧付渔盐 6—4

渔
福州火柴
农林牧付渔盐 6—5

盐
福州火柴
农林牧付渔盐 6—6

当年各地火柴厂推出的一部分宣传“农业发展纲要”的火花。

多快好省的总路线和“大跃进”、“人民公社化”运动

1958年2月2日《人民日报》发表社论《我们的行动口号——反对浪费，勤俭建国！》。社论根据南宁会议精神，提出了国民经济全国“大跃进”口号，指出我们的国家正面临着一个全国大跃进的形势，各行各业都要大跃进。

2月3日，《人民日报》发表社论《鼓足干劲，力争上游！》。社论在分析了当时工农业生产大跃进的形势后，再次批评了反冒进。社论认为跃进与冒进有原则的不同，它是在群众运动的高潮中，千方百计，打破常规，采取新的方法或者新的技术，以比通常快得多的速度，迈大步前进。社论要求打破一切右倾保守思想，苦战三年使全国大部分省区基本改变面貌。

1958年5月，党的八大二次会议通过了社会主义建设总路线，号召全党全国人民，争取在15年或更短的时间内，主要工业产品产量赶超英国。会后，全国各条战线迅速掀起“大跃进”高潮。中央在当年8月的北戴河会议上（决定1958年钢产量为1070万吨）对1958年的经济形势作了不切实际的估计，确定了一批工农业生产的高指标，向全党全民发出为钢铁翻一番而奋斗的号召。会后立即掀起了“全民大炼

钢铁运动”。同时通过了在全国农村普遍建立人民公社问题的决议，人民公社一哄而起，全国农村不到两个月就人民公社化了。交通、邮电、教育、文化、卫生等事业也都开展“全民大办”。这种以钢为纲所带来的一系列大办，把“大跃进”运动推向高潮。直到1960年冬，“大跃进”运动才被停止。

由于受浮夸思想指导，“大跃进”运动和“人民公社化”盲目地、片面地追求工农业生产的高指标，违背了经济发展规律，造成了人、财、物的极大浪费，离开了中国实际情况，在公社内实行平均分配，把社员的财产无偿地收归公社所有，结果损害了群众利益，挫伤了群众的积极性，混淆了集体所有制和全民所有制的界限，造成了国民经济比例严重失调，使社会主义建设事业遭到严重损失，人民生活受到极大影响。

这几年的火花真实地记载了这段历史。除用图表写实“大跃进”的钢铁高指标、粮食高产，歌颂“三面红旗”迎风飘扬，也有用浪漫主义手法，描绘了人民跨上“千里马”飞奔的景象，表现了全国人民尽快建设社会主义的热情和愿望。

1958年广东高州火柴厂发行的“三面红旗”子母标火花，真实再现当时盛极一时的“总路线”、“大跃进”、“人民公社”、“三面红旗飘扬”的史实。

当时各地火柴厂盛行一时地宣传“大跃进”主题的“千里”、“上游”、“跃进”、“促进”、“钢帅”、“超英”等牌子的火花。

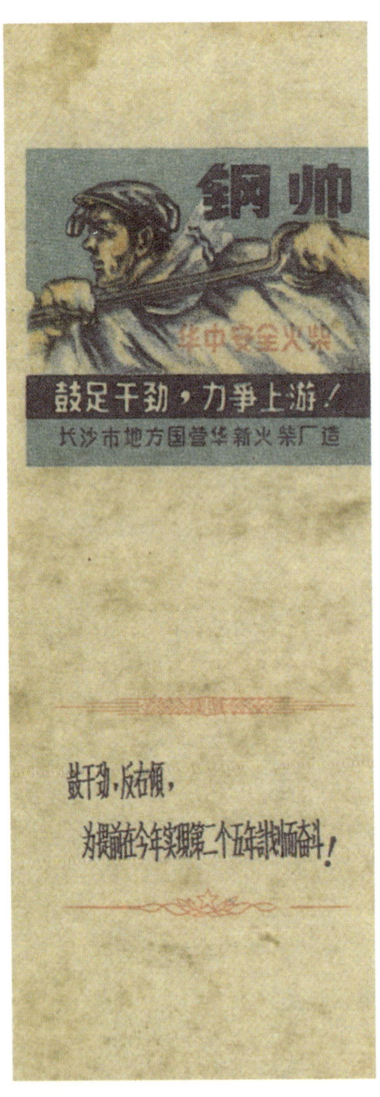
钢帅
华中安全火柴
鼓足干劲，力争上游！
长沙市地方国营华新火柴厂造
鼓干劲，反右倾，
为提前在今年实现第二个五年计划而奋斗！

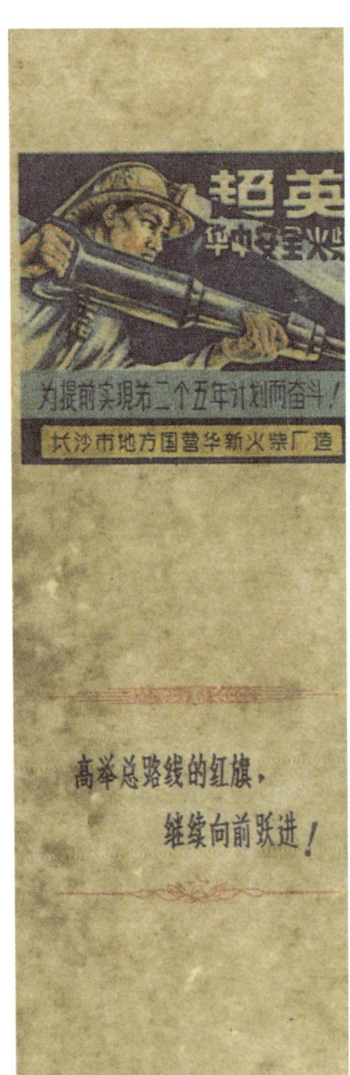
超英
华中安全火柴
为提前实现第二个五年计划而奋斗！
长沙市地方国营华新火柴厂造
高举总路线的红旗，
继续向前跃进！

华中
安全火柴
长沙市地方国营华新火柴厂造
大跃进万岁！

这是一组当年各地火柴厂宣传农业“人有多大胆，地有多高产”的高指标高产图解火花，是当年“浮夸风”在火花上的体现。

1958年前后各地火柴厂印制的宣传“丰产”、“高产”和形象地展现了当年人民公社“一大二公”、“政社合一”，工农兵学商兼而有之，农林牧副渔全面开花，公共食堂吃饭不要钱等主要特点的贴标、卷招火花。

划火柴方法
1、从磷面三分之一处，
轻轻擦划，分段使用。
2、存放不要受潮。
高産
註册
安全火柴
河南省安阳火柴厂出品

人民公社好
火柴
南海火柴厂

南平火柴厰
南平
中百南平批发站包銷
在“鼓足干劲，力争上
游，多快好省地建设社
会主义总路线”的光辉
照耀下，奋勇前进！

双亭
SHUANGTING
安全火柴
秦皇岛火柴厂出品
人民公社万岁

长青
人民公社好
青岛火柴

1959年
1800万吨
11392%
钢
15.8万吨
100%

上游
吸烟火柴
合营福星火柴厂出品

人民公社好
广东南海
公益火柴厂

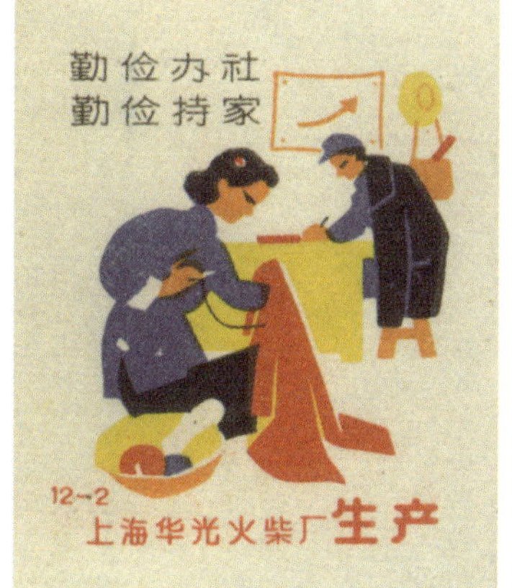

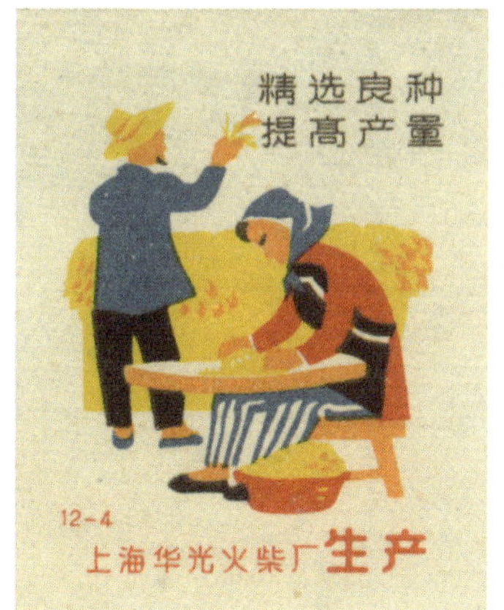

1964年上海华光火柴厂印制的“人民公社”火花（普贴12枚/套）。

兴修水利
抗旱防涝
12-7
上海华光火柴厂生产

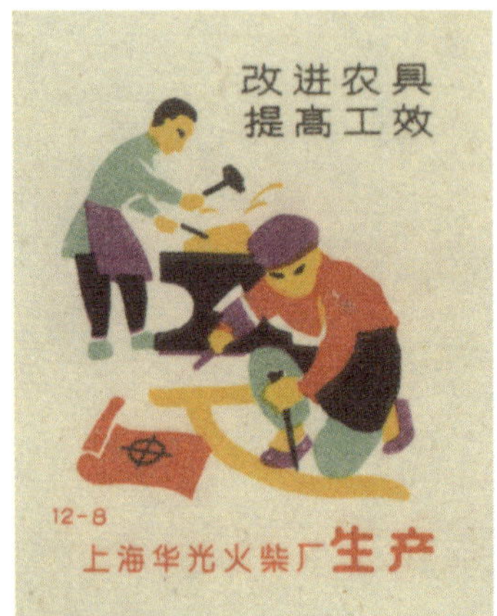
改进农具
提高工效
12-8
上海华光火柴厂生产

爱护耕畜
改良畜种
12-9
上海华光火柴厂生产

细收净打
颗粒还家
12-10
上海华光火柴厂生产

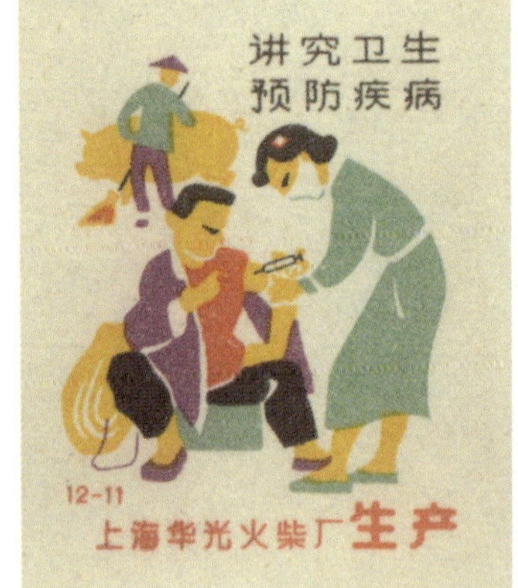
讲究卫生
预防疾病
12-11
上海华光火柴厂生产

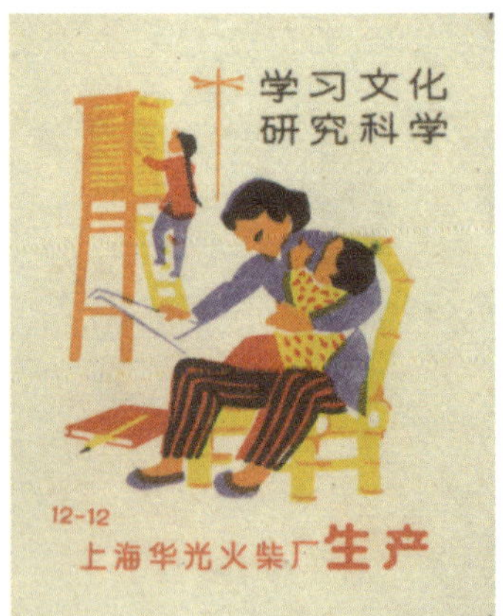
学习文化
研究科学
12-12
上海华光火柴厂生产

隆重庆祝建国十周年

1959年10月1日新中国建国十周年，首都北京庆祝大典在礼炮和国歌声中开始，天安门广场举行了盛大阅兵和70万人大游行。是日毛泽东、刘少奇等党和国家领导人与87个国家的贵宾，以及中国各族各界代表一起登上天安门城楼，检阅海陆空三军和群众游行。首都以崭新的面貌呈现在人民和贵宾面前。较五周年国庆时扩大了两倍半的天安门广场的东西两侧，是雄伟的人民大会堂和中国革命博物馆、中国历史博物馆。广场上10万群众手持各色花束，以巧妙的队形组成了一个巨大的国徽图案和“1949—1959”字形。阅兵式之后，游行的70万群众沿着宽阔的东长安街，排成150路纵队，抬着横幅标语，载着展示十年建设成就图表模型，向天安门广场行进。晚上，40万平方米的天安门广场和宽阔的长安街上，汇集了150万群众，大家一起歌舞狂欢、观看焰火。

当年全国各地除举行大型的庆祝集会阅兵巡游活动外，不少火柴厂为迎接和庆祝建国十周年，精心设计了寓意吉祥喜庆、内涵深刻的国庆纪念火花，其中营口火柴厂印制的辽河芳香火柴“欢庆新中国十年”书式火花，是新中国最早的书式火柴火花。武汉、吉林、苏州等火柴厂的“国庆十周年”纪念火花，都展现了伟大祖国首都北京天安门国庆庆典的盛况。广州巧明火柴厂为庆贺国庆，不仅生产了一批在卷招背标上加印“庆祝国庆十周年纪念”字样和天安门阅兵图案的迎国庆火柴投放市场；而且还刻意选取广州十三处最能反映羊城历史的名胜古迹入图，设计生产了一批出口火柴，通过火柴向海外侨胞及外国友人热情宣传新中国十年羊城新貌。

由于当年纪念国庆十周年的火柴热销，自然流失量大，火花存世量很少，且又是研究我国社会发展重大政治生活的真实佐证，深为收藏爱好者热捧，因而在收藏品拍卖市场此类火花身价持续上扬。

武汉火柴厂1959年发行的“国庆十周年”纪念火花（普贴2枚/套）：一枚彩绘首都北京天安门广场红旗招展，白鸽翱翔，彩色气球吊着庆祝彩带徐徐升空。另一枚则展现了1957年建成通车的新中国“一五”计划重点建设项目之一的武汉长江大桥的雄姿，大桥上下红旗飘扬，和平鸽群飞翔在蓝天白云上。这套寓意普天同庆的火花，因其设计别具匠心，内涵深刻，主题鲜明而成了收藏爱好者热捧之花。

1959年吉林火柴厂发行的“祖国万岁”普贴纪念火花和武汉火柴厂发行的“国庆十周年”卷招火花。

1959年苏州鸿生火柴厂为宣传建国十周年的建设成就，发行了一套普贴纪念火花，采用多种表现形式展现了新中国十年在工农各业所取得的辉煌成果。

1949
1959
长江大桥
公私合营苏州鸿生火柴厂

国产解放牌汽车
1949
1959
公私合营苏州鸿生火柴厂

庆祝国庆
十周年
1949
1959
公私合营苏州鸿生火柴厂

苏州鸿生火柴厂当年设计印制宣传石油、钢铁、粮食、棉花各业发展的火花。

营口火柴厂印制的辽河芳香火柴“欢庆新中国十年”书式火花，是新中国最早的书式火花。

1959年广州巧明火柴厂邀请名画家精心设计了一套广州十三处最能反映羊城历史的名胜古迹风景火花，作为出口火柴贴用商标，通过火柴向海外侨胞及外国友人热情宣传新中国十年羊城新貌。

廣州華僑新村
巧明火柴廠
MADE IN CHINA
59.11

廣州海珠橋
巧明火柴廠
MADE IN CHINA
59.11

廣州中蘇友好大廈
巧明火柴廠
MADE IN CHINA
59.11

巧明火柴廠
MADE IN CHINA
北秀湖
59.11

廣州六榕塔
巧明火柴廠
MADE IN CHINA
59.11

三元里烈士紀念碑
巧明火柴廠
MADE IN CHINA
59.11

光塔
巧明火柴廠
MADE IN CHINA
59.11

安徽合肥火柴厂为欢庆国庆而精心设计印制了一套以安徽剪纸入图的展现工农各业兴旺发展的儿童举灯欢舞的精美火花（普贴10枚/套）。

合肥火柴

合肥火柴

合肥火柴

合肥火柴

新中国第一套雕刻版火花

新中国成立后，祖国取得了日新月异的发展成就。为迎接中华人民共和国建国十周年的盛大庆典，首都北京从1958年动工兴建到1959年9月先后建成了中国人民革命军事博物馆、北京工人体育场、民族文化宫、民族饭店、全国农业展览馆、中国革命博物馆、中国历史博物馆、北京火车站、中国美术馆、人民大会堂等十大建筑，加上早在1958年5月1日落成揭幕的人民英雄纪念碑，还有后建的华侨大厦。它们恢宏壮观地矗立在广阔的天安门广场一带，宛如颗颗璀璨的明珠，给古老的华夏之都在新中国成立十周年到来之际，增添了绚丽夺目的光彩。

为隆重纪念建国十周年，展示首都北京的建设成就，北京火柴厂于1960年印制了“北京十大建筑”火花，这是该厂继1958年在全国率先设计印制了我国第一组彩色成套系列火花之后，又别具匠心印制的第一套采用印钞票的雕刻版工艺印制而成的火花。该套火花选取了人民英雄纪念碑、人民大会堂、中国人民革命军事博物馆、中国革命博物馆、全国农业展览馆、民族文化宫、民族饭店、北京工人体育场、北京火车站、华侨大厦等北京“十大建筑”入图，用蓝、绿、橘红、橘黄、棕、红6种颜色凹版单色精印（其中一套10枚是由2种印色组成，即橘黄色4枚，红色6枚）。每色10枚，大全套共60枚。由于印刷精美，层次分明，立体效果极佳，手感与视觉效果奇妙。时隔49年，该套火花已弥足珍贵，不易觅得。

特别值得一提的是“北京十大建筑”，规模宏伟，布局严谨，设计新颖极具中华民族特色，深得国际赞誉，而英国把其中的人民大会堂、中国革命博物馆、中国历史博物馆、民族文化宫、北京工人体育场列入世界建造史册中。这是中国人民的骄傲。

北京火柴厂于1960年印制了“北京十大建筑”火花，这是该厂别具匠心印制的第一套采用印钞票的雕刻版工艺印制而成的火花。该套火花选取了人民英雄纪念碑、人民大会堂、中国人民革命军事博物馆、中国革命博物馆、全国农业展览馆、民族文化宫、民族饭店、北京工人体育场、北京火车站、华侨大厦等“北京十大建筑”入图。

民族饭店
北京火柴

人民大会堂
北京火柴

北京火柴
华侨大厦

北京火车站
北京火柴

民族文化宫
北京火柴

新中国的第一、第二届全运会

旧中国兵荒马乱，国力的衰弱，政府的无能，经济的萧条，文化教育的落后，使中国的体育水平落后到极点，中华民族因此曾被西方人蔑称为“东亚病夫”。炎黄子孙无不为之痛心疾首。毛泽东早在《体育之研究》中就为改变中华民族体质孱弱的状况而大声疾呼。

新中国成立后，党中央和人民政府于1949年10月26日—27日在北京召开中华全国体育总会筹备会议。1952年6月20日至24日在北京召开了中华全国体育总会成立大会，毛泽东为大会题写了“发展体育运动，增强人民体质”12个大字，毛泽东的题词把着眼点放在增强人民大众体质上，激发了人民群众发展体育运动的积极性，使中国的体育运动事业揭开了新的一页。从此，我国的群众性体育运动蓬勃发展，人民健康水平日益提高。

1959年9月13日至10月3日，在北京工人体育场举行的中华人民共和国第一届运动会。这是新中国成立以来举办的全国综合性运动会，是对新中国体育的一次检阅。9月13日党和国家领导人毛泽东、刘少奇、朱德、周恩来等出席了开幕式并检阅了体育队伍。贺龙代表中共中央、国务院致开幕词。8000多人表演了寓意欢乐吉祥的大型团体操

《全民同庆》。参加这届全运会的共有来自全国各省、市、自治区和解放军代表队的30个单位10658人，比赛项目有：足球、篮球、排球、乒乓球、网球、羽毛球、手球、棒球、女子垒球、水球、马球、田径、公路自行车、体操、技巧运动、举重、游泳、跳水、赛艇、武术、中国式摔跤、射箭、中国象棋、围棋、赛马、障碍赛马、射击、摩托车越野、摩托车环行公路、无线电收发报、航海多项、航海模型、滑翔、飞机跳伞、伞塔跳伞、航空模型共36项。表演项目有赛车场自行车、击剑、自由式摔跤、古典式摔跤、国际象棋、水上摩托艇6项。

本届运动会上，有7人4次打破4项世界纪录，664人844次打破106项全国单项纪录。在闭幕式上，周恩来和贺龙向建国10年来打破世界纪录和获得世界冠军称号的40名运动员颁发了体育荣誉奖章。

在群众体育活动广泛开展的基础上，1965年9月11日至28日在北京举行第二届全运会，这届全运会是在中国刚刚摆脱“三年困难时期”后召开的，被视为是振奋人心、增进团结、显示力量的盛会。毛泽东、刘少奇、周恩来、朱德、邓小平、董必武等党和国家领导人出席了开幕式。16000多人表演了大型团体操《革命赞歌》。

第二届全运会的比赛项目有：足球、篮球、排球、乒乓球、网球、羽毛球、水球、田径、自行车、体操、举重、击剑、游泳、跳水、摔跤、射箭、射击、摩托车、无线电收发报、飞机跳伞、航空模型、航海模型共22项。武术作为表演项目。在这届运动会上，我国运动员的技术水平也有很大提高，28个民族共5922名运动员参加22个项目的比赛，在创造世界纪录上比首届运动会有了新突破，共有24人10次打破9项世界纪录，330人469次打破130项全国纪录，这也是历届全运会刷新全国纪录项数最多的一届。

为雪“东亚病夫”之耻，发展体育运动，我国一代体育健儿奋发图强，团结拼搏，创造了出色的业绩。从1956年陈镜开创造第一个世界纪录，容国团赢得了第一个世界冠军开始，我国体育健儿已先后夺得1000多个世界冠军，打破和创造了1000多项世界纪录，有2/3以上的项目达到或接近世界水平。2008年北京奥运会的成功举办，更是说明中国体育正走向世界，中华民族已经成为屹立于世界之林的生机勃勃的伟大民族。

为纪念毛泽东题写“发展体育运动，增强人民体质”题词发表，我国解放初期推广全民健身的“劳卫制”运动，以及迎接和纪念新中国第一、第二届全运会的举行，我国各地不少火柴厂都有设计精美、艺术风格迥异的纪念火花推出，其表现手法多样：既有毛泽东的题词，也有展示运动项目的；或剪影，或抽象，或写实，图案准确地捕捉了运动员竞技时的瞬间形象，刻画了运动员矫健的体态，显示出了奋力拼搏的强烈动感。全运会系列纪念火花是新中国体育运动发展历史的缩影，是体育运动专题火花中的精品，令火花收藏爱好者爱不释手。现在此类火花的价位已很高，有些存世量少而精美的品种更是不易求觅。

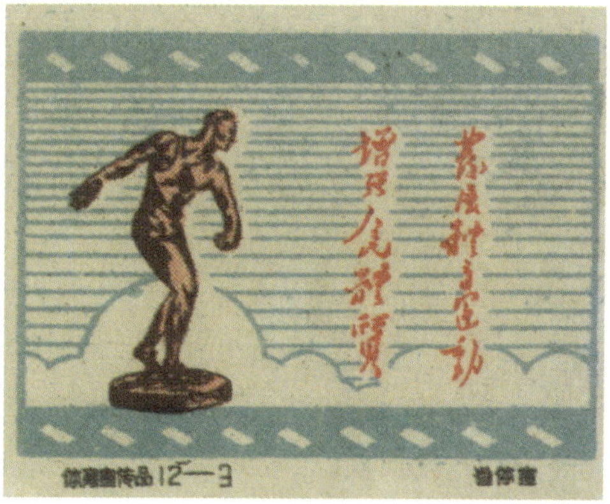

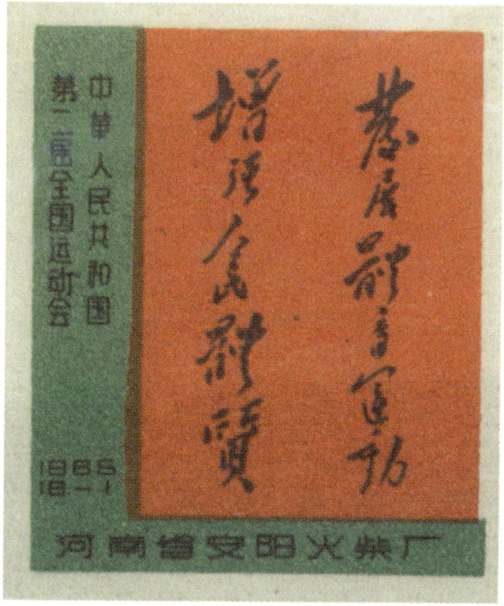

河南省安阳火柴厂、广东省汕头火柴厂发行印有毛泽东为中华全国体育总会成立的题词“发展体育运动，增强人民体质”的火花。

發展體育運動增強人民體質
汕头火柴
健康牌

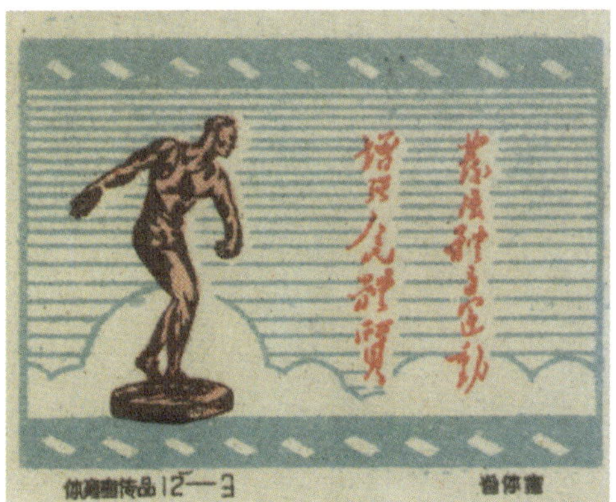

1959年为宣传第一届全国运动会，江苏省体育运动委员会特别设计了一套共12张的宣传画并委托火柴厂印制在火柴盒上广泛宣传。

体操运动，不但对身体健康很有益，而且还可以养成正确、优美的身体姿势。

經常練习跑，能把你的
身体練得很結实，很有力
气。赛跑中有短跑、中
長跑，还有越野跑。
体育宣传品12—9
省体宣

广东南海火柴厂1959年印制的“运动牌”子母标火花；广东东山火柴厂1959年特别为宣传第一届全运会而在其“千里牌”卷招火花的背标上加印“迎接第一届全国运动大会积极锻炼”的口号。

北京火柴厂1959年为第一届全运会在京举行特别设计的纪念火花（大贴10枚/套）。

北京火柴
1959

北京火柴
1959

北京火柴
1959

北京火柴
1959

北京火柴
1959

北京火柴厂1959年为第一届全运会在京举行特别设计的另一套以剪影为表现手法的纪念火花（普贴10枚/套）。

1959

1959

1959

1959

1959

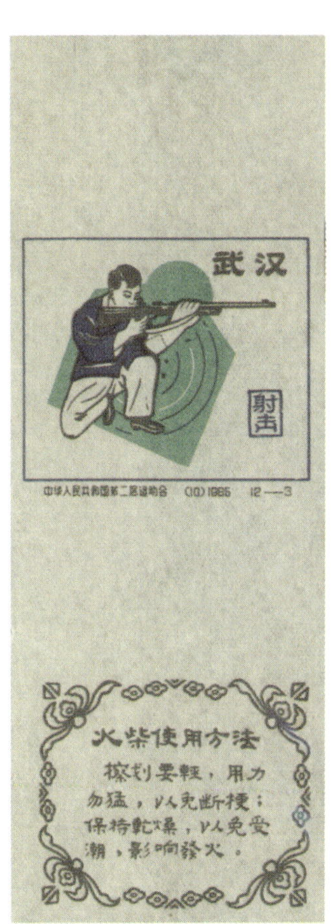

武汉火柴厂1965年印制的第二届全运会纪念火花（卷招12枚/套）。

登山
武汉
中华人民共和国第二届运动会 (10) 1965 12—2
火柴使用方法
擦划要轻，用力
勿猛，以免断梗；
保持乾燥，以免受
潮，影响发火。

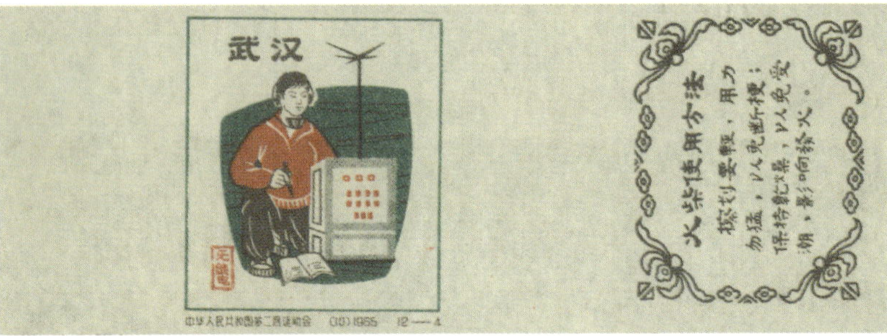
武汉
无线电
中华人民共和国第二届运动会 (10) 1965 12—4
火柴使用方法
擦划要轻，用力
勿猛，以免断梗；
保持乾燥，以免受
潮，影响发火。

武汉
旗语通讯
中华人民共和国第二届运动会 (10) 1965 12—5
火柴使用方法
擦划要轻，用力
勿猛，以免断梗；
保持乾燥，以免受
潮，影响发火。

武汉
乒乓球
中华人民共和国第二届运动会 (10)1965 12—6
火柴使用方法
擦划要轻，用力勿猛，以免断梗；保持乾燥，以免受潮，影响发火。

武汉
篮球
中华人民共和国第二届运动会 (10)1965 12—7
火柴使用方法
擦划要轻，用力勿猛，以免断梗；保持乾燥，以免受潮，影响发火。

武汉
足球
中华人民共和国第二届运动会 (10)1965 12—8
火柴使用方法
擦划要轻，用力勿猛，以免断梗；保持乾燥，以免受潮，影响发火。

武汉
長跑
中华人民共和国第二届运动会 (10)1965 12—10
火柴使用方法
擦划要轻，用力
加猛，以免断梗；
保持乾燥，以免受
潮，影响发火。

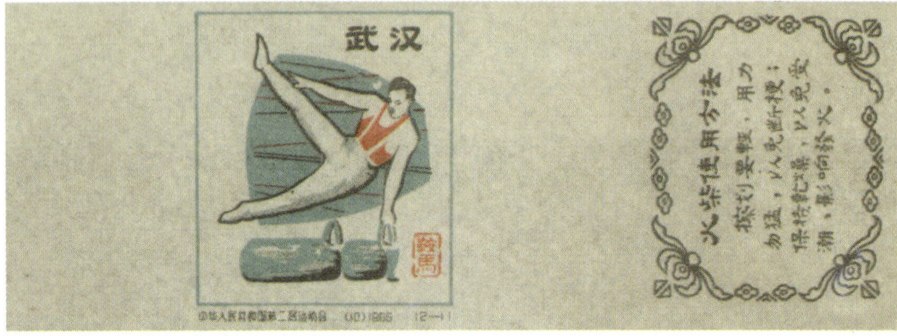
武汉
鞍馬
中华人民共和国第二届运动会 (10)1965 12—11
火柴使用方法
擦划要轻，用力
加猛，以免断梗；
保持乾燥，以免受
潮，影响发火。

武汉
自由体操
中华人民共和国第二届运动会 (10)1965 12—12
火柴使用方法
擦划要轻，用力
加猛，以免断梗；
保持乾燥，以免受
潮，影响发火。

河南省开封火柴厂1965年为第二届全运会而发行的纪念火花（普贴15枚/套）。

中华人民共和国第二届全国运动会
自行车
汴京火柴
公私合营河南省开封火柴厂

中华人民共和国第二届全国运动会
跳水
汴京火柴
公私合营河南省开封火柴厂

中华人民共和国第二届全国运动会
滑翔机
汴京火柴
公私合营河南省开封火柴厂

中华人民共和国第二届全国运动会
划船
汴京火柴
公私合营河南省开封火柴厂

中华人民共和国第二届全国运动会
摩托
汴京火柴
公私合营河南省开封火柴厂

中华人民共和国第二届全国运动会
足球
汴京火柴
公私合营河南省开封火柴厂

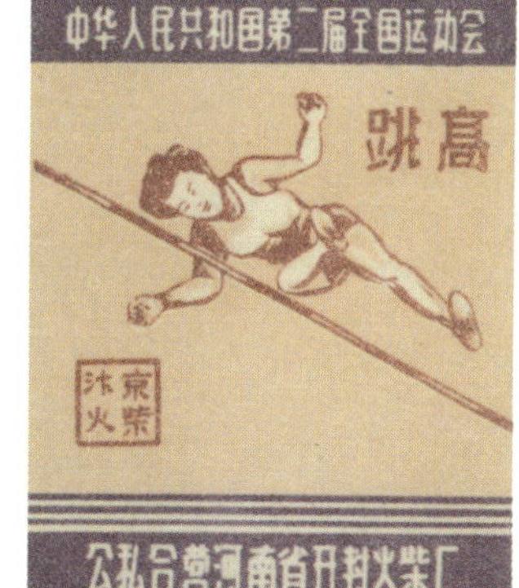
中华人民共和国第二届全国运动会
跳高
汴京火柴
公私合营河南省开封火柴厂

中华人民共和国第二届全国运动会
乒乓
汴京火柴
公私合营河南省开封火柴厂

中华人民共和国第二届全国运动会
兰球
汴京火柴
公私合营河南省开封火柴厂

中华人民共和国第二届全国运动会
举重
汴京火柴
公私合营河南省开封火柴厂

广州巧明火柴厂1965年发行的第二届全运会纪念火花（普贴11枚+大封标1枚/套），是第二届全运会火花中的最佳珍花。

广州巧明火柴厂

广州巧明火柴厂

广州巧明火柴厂

广州巧明火柴厂

广州巧明火柴厂

1965年著名画家韩美林为安徽芜湖敦煌火柴厂设计的这一套“第二届全运会”纪念火花（普贴20枚/套），极受收藏者热捧，现已身价不菲。

中华人民共和国第2届运动会
65. 20—5

中华人民共和国第2届运动会
65. 20—6

中华人民共和国第2届运动会
65. 20—7

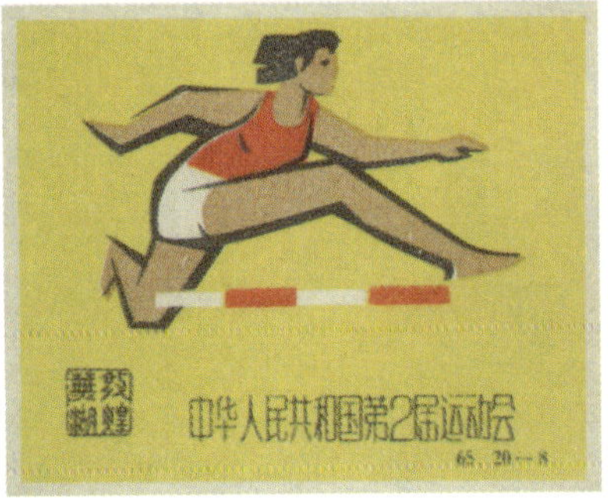
中华人民共和国第2届运动会
65. 20—8

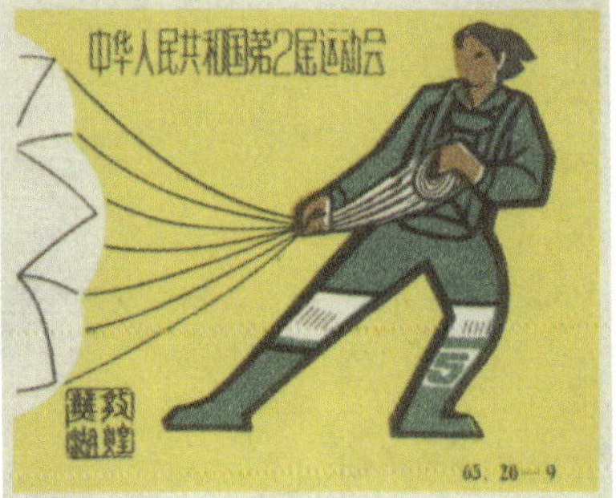
中华人民共和国第2届运动会
65. 20—9

中华人民共和国第2届运动会
65. 20—10

中华人民共和国第2届运动会
65. 20—11

中华人民共和国第2届运动会
65. 20—12

中华人民共和国第2届运动会
65. 20—13

2
中华人民共和国第2届运动会
65. 20—14

中华人民共和国第2届运动会
65. 20—15

中华人民共和国第2届运动会
65. 20—16

中华人民共和国第2届运动会
65. 20—17

中华人民共和国第2届运动会
65. 20—18

中华人民共和国第2届运动会
65. 20—19

中华人民共和国第2届运动会
65. 20—20

1965年浙江宁波正大火柴厂印制的第二届全运会纪念火花（普贴4枚/套）。

1965年广东汕头火柴厂为第二届全运会设计印制的纪念火花（普贴11枚+大封标1枚/套）。

JIANKANG PAI
汕头火柴厂
健康牌

JIANKANG PAI
健康牌
汕头火柴厂

JIANKANG PAI
健康牌
汕头火柴厂

JIANKANG PAI
健康牌
汕头火柴厂

健康牌
JIANKANG PAI
汕头火柴厂

JIANKANG PAI
健康牌
汕头火柴厂

健康牌
JIANKANG PAI
汕头火柴厂

JIANKANG PAI
健康牌
汕头火柴厂

JIANKANG PAI
健康牌
汕头火柴厂

JIANKANG PAI
健康牌
汕头火柴厂

JIANKANG PAI
健康牌
汕头火柴厂

江苏镇江荧昌火柴厂发行的第二届全运会纪念火花（普贴8枚/套）。

第二届全运会
镇江荧昌
火柴厂

第二届全运会
镇江荧昌
火柴厂

第二届全运会
镇江荧昌
火柴厂

第二届全运会
镇江荧昌
火柴厂

中国体育史上第一个轰动世界的国际体育盛会

新中国的崛起，人民体质的提高，体育运动的蓬勃发展，特别是1959年4月5日，中国运动员容国团在联邦德国举行的第25届世乒赛单打决赛中，夺得了男子单打冠军；这是世乒赛自1926年举办以来，中国乒乓球运动员所获得的第一个冠军，也是中国运动员获得的第一个世界冠军。由此令世界刮目相看。

1961年4月4日至10日，新中国第一次获得在北京举办第26届世界乒乓球锦标赛的国际体育重大赛事。党和政府给予高度重视，为办好此届世乒赛，我国只用了15个月的时间，在北京东城区兴建了北京工人体育馆，该建筑呈椭圆形，像一个巨大的蒙古包，颇具民族特色。馆顶房架跨度为94米，没有用一根梁柱托架，采用悬索结构，由中心环、外圈梁和288根双层悬索组成，建筑面积3800平方米。四周看台共设座位36排，可容纳观众15000名。比赛场为直径40米的圆形场地，可进行多种球类和杂技等项运动的比赛或表演，移开边缘的部分活动看台后，成长方形场地，可同时放10张乒乓球台进行比赛。

4月4日参加这届比赛的来自五大洲243名体育健儿和我国党政领导人周恩来、邓小平、贺龙等出席了开幕式，4月14日圆满闭幕，经过9

天的激烈比赛产生了10项世界冠军。我国乒乓球健儿不负祖国和人民的期望，赛出了风格，赛出了成绩，中国男子队第一次获得了男子团体冠军的称号。庄则栋和邱钟惠分别获得男、女单打冠军，让世界惊叹，全国人民欢悦！

自第26届世乒赛之后，中国乒乓健儿在世界乒坛上一支独秀。在2009年日本横滨举行的第50届世乒赛上，中国乒乓健儿英勇拼搏，第四次一举包揽了大赛的五项冠军。30多年来，中国乒乓健儿在世界乒坛立于不败之地，奖牌之多，为世界瞩目，成为新中国体育走向世界的开路先锋。

为纪念第26届世乒赛，北京火柴厂首家特制了两套第26届世乒赛火花。至今一直是火花收藏者热捧的经典火花。

第一套为6枚大型彩色贴标（5厘米×3.5厘米）道林纸多色彩印。其贴用的火柴是专门提供给运动员、教练以及各代表团住处、比赛场馆使用的。

26
第26届世界乒乓球锦标赛
北京 1961

北京 1961
26
第26届世界乒乓球锦标赛

北京 1961
26
第26届世界乒乓球锦标赛

北京·1961
26
第26届世界乒乓球锦标赛

第二套为8枚普型彩色贴标（3.5厘米×4厘米）道林纸蓝底色彩印。其贴用的火柴是供普通市民日常生活使用的。这套设计精美、极富民族特色的纪念火花，为大赛举行锦上添花，受到组委会的好评和各国运动员的喜爱。

26
北京火柴
第26届世界乒乓球锦标赛

世界乒乓球
锦标赛

北京火柴
26届世界乒乓球锦标赛

26
北京火柴
第26届世界乒乓球锦标赛

全国举办最早、层次最高、规模最大的国际贸易盛会

那是一个难忘的岁月，人民解放军解放广州，南下深圳时未跨过深圳河，毛泽东作出“暂不收回香港”的战略决策，主要是为了粉碎以美国为首的西方资本主义阵营对新中国的全面封锁包围圈，保留香港作为“国际通道”的地位。这一高瞻远瞩的决策，反映了毛泽东等共和国的第一代领导人的对外开放思想。

正如毛泽东所预见的那样，凭借毗邻港澳的地缘优势，1955年至1956年间，广东举办了多次有出口贸易的交流会，对宣传我国的商品、联系港澳同胞和海外华侨取得了很大的成功。在外贸人的努力探索和周总理等党和国家领导人的支持下，由原外贸部（现商务部）和广东省人民政府主办的中国出口商品交易会（即广交会）于1957年4月在广州诞生了。广交会的诞生是一个创举，它打破了某些西方资本主义阵营对新中国实行的封锁禁运，为我国开辟了一条与世界贸易的通道，增强各国人民之间的了解和友谊，深受贸易界人士欢迎。从1957年4月25日举办第1届开始到1965年的第18届，其中第1、第2届是租用原广州中苏友好大厦；第3至第5届广交会迁址到位于侨光路2号新建成的中国出口商品陈列馆举行，这是广交会历史上第1次迁址；

第6至第18届广交会第2次迁址到位于广州起义路1号新建的陈列馆。1957—1965年9年间广交会展出面积由9600平方米，扩展到4.7万多平方米，期间两度新建展馆；参展商品由1.09万种，增至3万种；到会客商由来自19个国家和地区1223人，增至56个国家和地区5961人；出口成交额由1754万美元，增长23.6倍。9年间广交会共出口成交29.76亿美元，占我国外贸出口比重的17.81%；这9年，是广交会起步和打基础的阶段，它经受了创办、“大跃进”和“三年困难时期”的考验，于艰辛中跋涉，于曲折中成长，于复杂局面中坚持，并赢得快速健康发展，从而奠定了它在我国外贸史上不可替代的“友谊的纽带，贸易的桥梁”的历史地位和作用。

斗转星移，岁月如歌。迄今已成功举办了105届的广交会业已成为“中国第一展”，创造了多项中国第一和世界第一……

第1、第2届广交会租用的是原广州中苏友好大厦；第3至第5届广交会迁址到位于侨光路2号新建成的中国出口商品陈列馆，这是广交会历史上第1次迁址；第6至第18届广交会第2次迁址到位于广州起义路1号新建的陈列馆。

廣州中蘇友好大廈
巧明火柴廠
MADE IN CHINA
59.11

广州
广州火柴厂
GUANGZHOU

廣州 火柴
陈列馆

新中国第一组成套火花

1958年春，北京市火柴厂委托中央工艺美术学院师生集体创作设计了三套不同题材、艺术风格各异的精美成套火花，即北京名胜古迹、中国名鸟、中国名花各十二枚一套的大型贴标，道林纸彩色胶印，成为我国最早的成套火花。

这三套火花在绘制上融汇中西方商标设计艺术风格，首次通过火花，向中外宾客推介了伟大祖国首都北京的长城，故宫，天安门城楼，天坛，颐和园的十七孔桥、玉带桥、云辉玉宇牌坊、多宝琉璃宝塔、万寿山，北海公园的九龙壁，景山公园，中南海瀛台等名胜古迹；首次选用中国画家创作的十二种中国名花，和十二种中国名鸟入图，堪称创举。不仅在我国的火柴商标史上标新立异，而且在世界火花艺术中大放异彩。

这三套火花的印制和使用，开创了中国火花史上成套火花生产的新时代，推动了我国火花的变革，一改过去我国自1879年第一枚火花问世到1958年79年来单纯的作为产品商标的单枚或小套连标的传统。并且提高了火柴贴标的艺术性、知识性和趣味性，成为新中国火花出品的里程碑。此后，全国各地火柴厂纷纷仿效，各种题材的套花，如雨后春笋在神州大地上竞相开放。

首套北京名胜古迹火花，向中外宾客推介了伟大祖国首都北京的长城，故宫，天安门城楼，天坛，颐和园的十七孔桥、玉带桥、云辉玉宇牌坊、多宝琉璃宝塔、万寿山，北海公园九龙壁，景山公园，中南海瀛台等名胜古迹。

北京火柴

北京火柴

北京火柴

北京火柴

北京火柴

北京火柴

十二种中国名花纪念火花。

北京火柴

北京火柴

北京火柴

北京火柴

北京火柴

十二种中国名鸟纪念火花。

三年困难时期

1959年至1961年这是上了一定年纪的中国人不能忘却的年月，它在人们的记忆中，曾长期以“三年自然灾害”所代称。直到拨乱反正实事求是之后，这一文过饰非的社会名词才被“三年困难时期”取而代之，还原这段“三分天灾，七分人祸”的真实历史背景。

进入1960年，中国的经济在“大跃进”的惯性轨迹上继续滑行。然而，实际的国民经济却已开始日趋衰退，当时工业产品及农业粮油等产销不平衡现象已日益严峻。尽管1960年7、8月间中央北戴河工作会议制定了《关于开展以保粮、保钢为中心的增产节约运动的指示》、《全党动手，大办农业，大办粮食生产的指示》，但为时已晚。在情急之下，中共中央不得不推出一系列应急措施。

7月19日《关于秋季蔬菜生产的指示》，提倡多种蔬菜代替粮食；9月7日《关于压低农村和城市口粮标准的指示》实施压低城乡口粮标准的方针；9月23日《关于压缩食油销量和加强油脂收购的指示》，降低食用油定量标准。

1960年11月14日，中共中央发出《关于立即开展大规模采集和制造代食品运动的紧急指示》，要求各地抓紧秋收已经完毕的时机，大规模采集和制造代食品，以克服困难，渡过灾荒。中央根据科学院的建议推荐玉米根粉、小麦根粉、叶蛋白、人造肉精、小球藻等若干代食品，方法主要是发动城乡大小食堂用反复蒸煮的方法提高米饭的蒸发量，可算是三年困难时期中无可奈何的“发明”。在这段时期北京火柴厂发行的两套“节约粮食”和广州巧明火柴厂、广州东山火柴厂印制的宣传“以薯代粮”等火花，就是在这样的历史背景下推出的真实佐证。

其中北京火柴厂的两套“节约粮食”火花，以宣传画的形式宣传节约粮食，提倡“应该算了吃，不要吃了算”，“大种瓜菜，调剂生活”，“计划用粮，细水长流”，“光荣炊事员，巧煮千家饭”，“炊具改革好，食堂饭菜香”。广州巧明火柴厂的“劳动”牌、“发展”牌卷招和广州东山火柴厂“和猴”牌卷招的背标都印上广东省粮食厅宣传“以薯代粮”口号：“番薯也是宝中宝，价钱便宜营养高；多吃番薯省米面，支援国家建设好。”广州东山火柴厂“三角”牌卷招的背标印上广州市粮食局宣传节粮的口号：“粮食要爱惜，用粮计划好；吃饱莫浪费，爱护宝中宝。”这类镌刻历史的火花，虽印刷粗糙，然而因其历经半个世纪岁月，绝大多数已自然消亡，有幸保存下来的却日显珍贵，其价值持续飙升。

这是北京火柴厂的“节约粮食”火花，为宣传节约粮食，提倡“应该算了吃，不要吃了算”，“大种瓜菜，调剂生活”，“计划用粮，细水长流”，“光荣炊事员，巧煮千家饭”，“炊具改革好，食堂饭菜香”。

北京火柴
应该算了吃，不要吃了算.

北京火柴
精打细算，计划用粮.

建国初期的法规宣传火花

新中国诞生后，人民政府重视抓好法制法规建设，把防火、用电、交通安全教育等工作作为一项重要工作提到议事日程上来解决。1951年5月9日，公安部公布《城市陆上交通管理暂行规则》；1955年8月19日公安部公布施行《城市交通规则》；1957年10月22日和12月2日经过第一届全国人大常委会第81次和第86次会议批准公布实施《中华人民共和国治安管理处罚条例》和《消防监督条例》等等。并辅之开展形式多样的宣传活动，切实抓好事关人民群众生命财产安全的防火、用电、交通法规建设和教育工作，提高人民群众特别是青少年的遵章守法安全意识，自觉参与安全用电、防火和维护交通安全工作，从根本上解决人民群众后顾之忧，关心群众切身利益，极大地调动了广大人民群众投身国家社会主义建设的积极性。

我国各地火柴厂为配合宣传我国公布实施《交通规则》和《消防条例》等法规，相继精心设计印制了不少形象生动、主题明确的宣传防火、用电安全和遵守交通规则教育等题材的火花。因其具有“寓教于乐”的教育意义和史料价值，并且存世量少，所以更为火花收藏者所钟情。

四川巴县第一火柴厂1959年印制的“防火安全”宣传火花（普贴10枚/套）。

炉旁不放易燃物

熬油炒菜
要小心

电线残破要修换

发生火警报
09

山东威海火柴厂发行的“交通安全”宣传火花（普贴10枚/套）。

横过公路、街道、要注意来往车辆
威海
火柴厂

儿童上马路要大人带领
威海
火柴厂

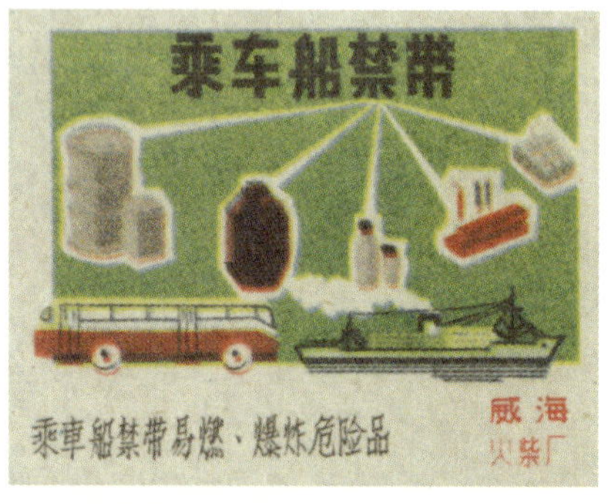
乘车船禁带
乘車船禁带易燃、爆炸危险品
威海
火柴厂

非机动車要严格遵守交通规则
威海
火柴厂

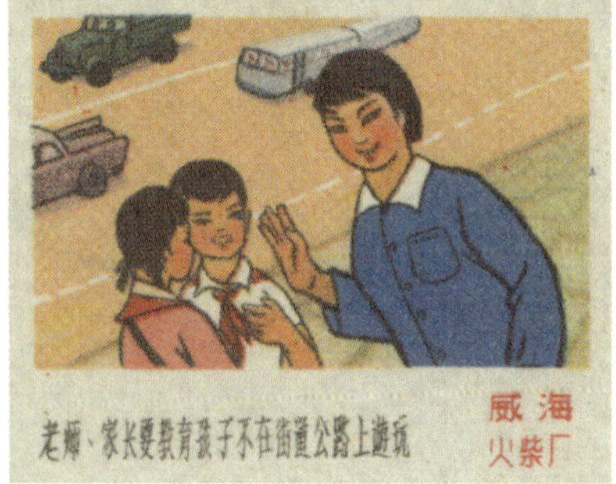
老师、家长要教育孩子不在街道公路上游玩
威海
火柴厂

骑自行车不准拖车、带人、抢路、撒把、扶肩并行
威海
火柴厂

上海火柴厂设计的“交通安全”宣传火花（普贴8枚/套）。

过马路要走人行横道线
生产
上海火柴厂

加强交通管理，维护革命新秩序
生产
上海火柴厂

老师、家长要教育孩子不在街道公路上游玩
威海
火柴厂

骑自行车要注意交通安全
生产
上海火柴厂

上海火柴厂印制的“安全用电”宣传火花（普贴12枚/套）。

上海
Shanghai
随手关灯
节约用电
上海火柴厂 GB 393-64

上海
Shanghai
电器金属外壳要接地
上海火柴厂 GB 393-64

上海
Shanghai
教育儿童
不要玩弄电器
上海火柴厂 GB 393-64

上海
Shanghai
搬动电具要拔掉插头
上海火柴厂 GB 393-64

大扫除不要
用水冲电线
上海
Shanghai
上海火柴厂 GB 393-64

上海
Shanghai
用电申请处
供电所
先申请再用电
上海火柴厂 GB 393-64

江西泰和火柴厂的“交通安全”宣传火花（普贴3枚/套）。

1964年杭州火柴厂设计印制的“安全用电”宣传火花（普贴12枚/套），富有中国民族格调，图案采用我国民众喜闻乐见的水粉画艺术手法，达到了鲜明、强烈的视觉效果。

杭州火柴
电器装备要合規格

杭州火柴
注意高物碰綫

杭州火柴
爱护电器設备

杭州火柴
不要接触断电綫

杭州火柴
不要一綫一地照明

杭州火柴
不要拖拉电灯

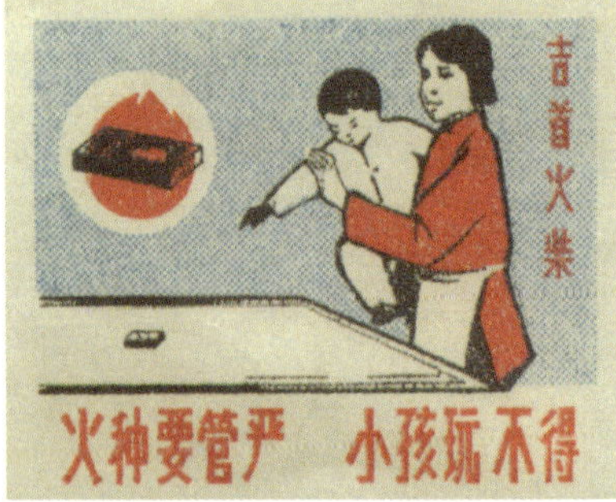

湖南吉首火柴厂印制的防火宣传火花（普贴5枚/套）。

建国后广州市第一次评选的“羊城八景”火花

广州自宋朝始，历经元、明、清各代都有“羊城八景”。因朝代更迭，人事变迁而有所变动。

解放后，广州城建日趋繁荣，新景点层出不穷。为提高人民热爱新中国，热爱乡土的思想情操，丰富人民业余文化生活，促进城市园林建设。1962年由当时任主管城建副市长林西和市城建办工程师冯长福倡议评选羊城新八景。随后，广州市政府成立了以林西为主任，由社会各界知名人士参加的“羊城八景评选委员会”并委托羊城晚报社主办，由评委提出10个候选景点，并定出选景原则：1.有鲜明的地方特色和时代精神；2.具有完整的意象，可经常欣赏；3.景名要雅，力求色彩鲜明、声调铿锵。经过半年的酝酿、推荐，收到选票6000多张，经评委讨论决定，于1963年元旦公布选定下列新八景：红陵旭日、珠海丹心、东湖春晓、越秀远眺、白云松涛、鹅潭夜月、双桥烟雨、萝岗香雪。其后众作家、书画家、戏曲艺术家纷纷撰文绘画、填词作曲，一时间古老羊城兴起一股吟咏歌颂宣传新中国羊城八景的热潮。

广州巧明火柴厂以当时名噪一时的名家摄影作品为蓝图精心设计推出了一套八枚大封标八枚普贴组成的“羊城八景”火花，因其构图美丽，富有书画艺术韵味，而深得工农大众喜欢，其贴有“羊城八景”图的火柴自生产之日起至1966年畅销兴旺，以至一版再版。到“文革”前夕，一共推出八种版本（主图文不变，印纸色有异）的“羊城八景”火花。此套火花曾荣获轻工部最佳设计奖。

廣州 白雲松濤
巧明火柴厂出品

廣州 蘿崗香雪
巧明火柴厂出品

廣州 紅陵旭日
巧明
火柴厂出品

廣州 越秀遠眺
巧明火柴厂出品

“百花齐放，百家争鸣”空前繁荣

1956年5月2日，毛泽东在最高国务会议上第一次公开宣布，将“百花齐放，百家争鸣”作为党对文艺和科学工作的基本政策。建国初期，毛泽东就戏曲工作提出了“推陈出新，百花齐放”的方针。1956年4月28日，毛泽东在中共中央政治局扩大会议上指出，艺术问题上的“百花齐放”，学术问题上的“百家争鸣”，应该成为中国发展科学、繁荣文学艺术的方针。并对这一方针作了进一步的阐述，把它提到中共对科学文学艺术政策的高度。5月26日，中共中央宣传部部长陆定一在怀仁堂中共中央宣传部举行的报告会上作了题为《百花齐放，百家争鸣》的讲话，全面阐述了中央的方针。他说：“‘百花齐放，百家争鸣’是提倡在文学艺术工作和科学工作中有独立思考的自由，有辩论的自由，有创作和批评的自由，有发表自己的意见，坚持自己的意见和保留自己意见的自由。‘百花齐放，百家争鸣’是人民内部的自由在文艺工作和科学工作领域中的表现。”

“双百”方针的提出，反映了繁荣文化艺术，发展科学技术的时代要求，反映了当时我国政治稳定、经济发展、人民团结、社会进步的国家形象，反映了党中央和毛泽东的一种信心。它一经提出，立即在知识界引起强烈反响，使学术文化事业出现了生气勃勃的发展景象。

“双百”方针公诸于世之后，广大科学、文化艺术界感到如沐春风，激情满怀。建国初期的一个时期内中央文化部在北京，相继举行了“全国戏曲观摩演出”、“京剧现代戏观摩演出”、“全国少数民族业余艺术观摩演出”和一系列的书画艺术展览。创作出了很多努力为工农兵和社会主义建设服务的优秀文化作品。科技界在北京成立了全国科技协会，成功召开了多个科研学术会议，取得了一批科研项目成果。一个“百花齐放，百家争鸣”的热潮在兴起。一个“百花齐放，百家争鸣”的局面在形成。

这段时期我国各地火柴厂印制的火花，画面洋溢着喜庆热烈的气氛。真实展现了这一时期在“双百”方针指引下，地方戏曲活跃，民族歌舞多姿多彩，文化科学领域空前繁荣的历史现实，成为研究那段历史的珍贵资料。

各地火柴厂发行的异彩纷呈的民族歌舞火花。

1963年河南省汴京火柴厂印制的“民族歌舞”火花（普贴8枚/套），选取展现了维吾尔族的打鼓舞、苗族的芦笙舞、傣族的草笠舞、汉族的双采花舞、土家族的接龙舞、瑶族的婚礼舞、彝族的三月三跳脚舞、汉族迎新娘等不同民族欢歌载舞的场景。画面洋溢着喜庆热烈的气氛，富有较强的艺术感染力。

汴京
火柴

汴京
火柴
"婚礼舞"

汴京
火柴
三月三

"迎新娘"
囍
汴京
火柴

1964年湖北省武汉火柴厂为宣传推广地方戏曲，特别设计发行了“楚剧”火花（普贴8枚/套）。

武汉
楚剧
武汉火柴厂出品
(S)1964
8-5

武汉
葛麻
楚剧
武汉火柴厂出品
(S)1964
8-6

武汉
站花墙
楚剧
武汉火柴厂出品
(S)1964
8-7

武汉
百日缘
楚剧
武汉火柴厂出品
(S)1964
8-8

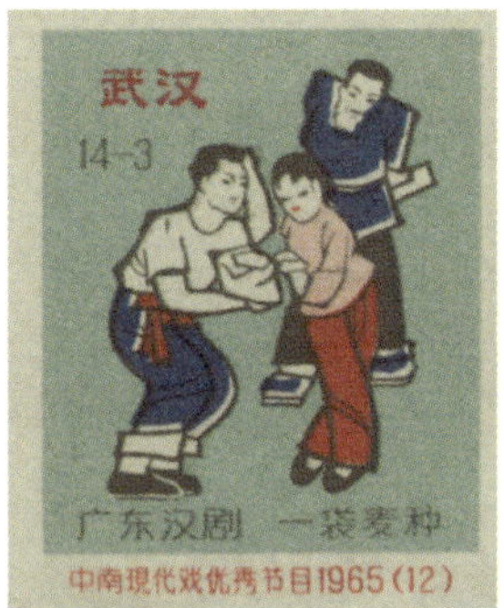

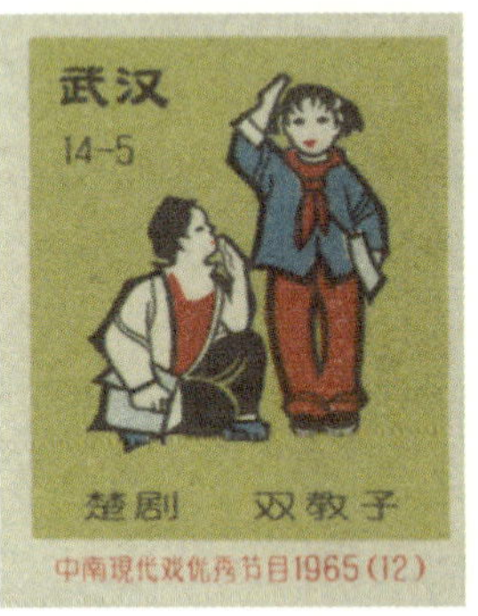

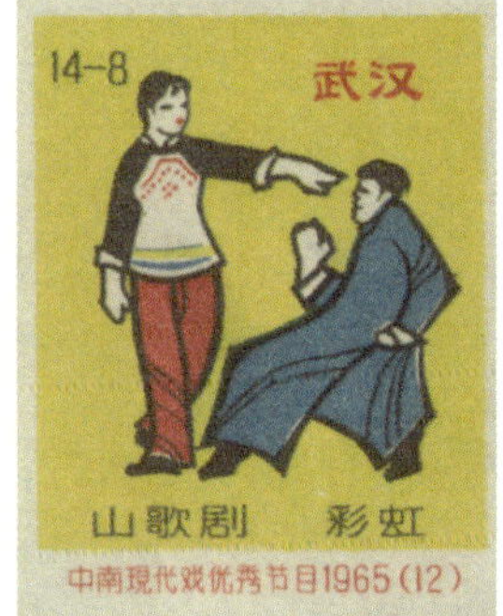

1965年时任中南局书记的陶铸为贯彻毛泽东的“双百”方针，主持组织了一次规模盛大的中南区现代戏剧调演活动，评选出不少优秀节目，对推动地方戏曲产生了积极作用。武汉火柴厂特别为此次活动发行了一套“中南现代戏优秀节目”火花（普贴14枚/套）。

武汉
14-9
花鼓戏 烘房飘香
中南现代戏优秀节目1965（12）
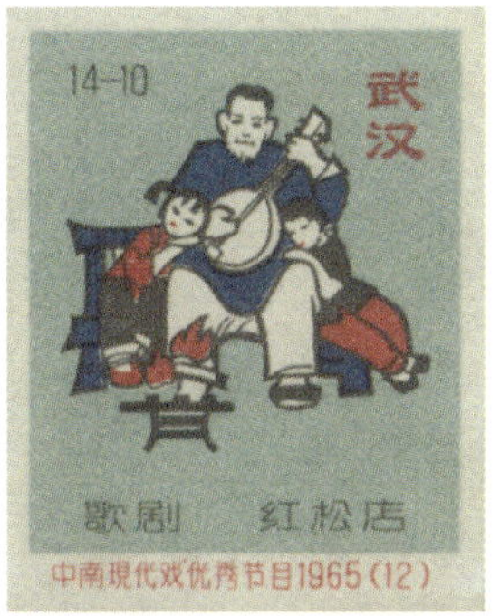
14-10
武汉
歌剧 红松店
中南现代戏优秀节目1965（12）

武汉
14-11
越剧 斗书场
中南现代戏优秀节目1965（12）

武汉
14-12
花鼓戏 补锅
中南现代戏优秀节目1965（12）

武汉
14-13
歌剧 枪之歌
中南现代戏优秀节目1965（12）

武汉
14-14
越剧 扒瓜园
中南现代戏优秀节目1965（12）

这是当时反映我国正在向科学技术领域进军的宣传火花。

全党抓军事，实行全民皆兵

从新中国成立到20世纪60年代，以美帝国主义为首的帝国主义国家屡屡在我们的周边国家边境挑起事端甚至是战争。尤其是美国介入朝鲜、越南的内战，把战火烧到我国东北和南大门外，威胁着我国的安全。台湾尚未解放，美国多方支持国民党武装特务窜扰我国东南沿海地区，印度政府不断蚕食我国领土，发动武装挑衅……由于对当时国际形势的估计过于严重，一切情况都表明人民解放军不能有丝毫的懈怠，战争观念也不能有丝毫的松懈。毛泽东明确指示："我们不但要有强大的正规军，我们还要大办民兵师。"根据毛泽东提出的关于全党抓军事，实行全民皆兵的号召。自1950年中央军委人民武装部在北京召开全国人民武装会议，到60年代中期，我国再三强调要做好民兵组织、政治、军事"三落实"工作。指出"一旦美帝把战争强加在我们头上，就有亿万民兵到处放枪、埋地雷、封锁敌人，断敌后方，把它淹没在人民战争的汪洋大海之中。"特别是《人民日报》、《解放军报》、《红旗》杂志发表了毛泽东1961年2月为女民兵题照的诗词后，随即"中华儿女多奇志，不爱红装爱武装"、"全民皆兵"便成为那个岁月最流行的口号，天南海北，妇孺皆知，形成一股“全民皆兵”的热潮，使到每一位中国人都不敢等闲视之，都愿意为外御强权，内以自警而常备不懈。

当时我国不少火柴厂设计印制的“全民皆兵”火花，形象地展示了曙光初照演兵场，各行业民兵手握五尺枪，苦练杀敌本领的英姿和积极贯彻民兵“三落实”工作的生动情景。

安徽安庆火柴厂1966年印制的“女民兵”火花（普贴10枚/套），刻画了活跃在各条战线上的女民兵苦练杀敌本领的战斗精神和风采。

安庆
火柴
女民兵

安庆
火柴
女民兵

安庆
火柴
女民兵

安庆
火柴
女民兵

安庆
火柴
女民兵

各地火柴厂在“全民皆兵”热潮中，设计了风格迥异的火花，展现了民兵们热血沸腾、振奋人心的豪迈气概。

全民皆兵保卫祖国

地方国营江
北县火柴厂
女民兵

1965
安庆光明火柴厂

江西省国营八一综合垦殖场火柴厂

广东高州火柴厂1966年发行的宣传民兵工作“三落实”的火花（卷招9枚＋大封标1枚/套）。

火柴使用方法
擦划要轻 用力勿猛
保持干燥 免受潮湿。
学习文化
提高技术
高州火柴厂出品

火柴使用方法
擦划要轻 用力勿猛
保持干燥 免受潮湿。
技术改革
发展生产
高州火柴厂出品

火柴使用方法
擦划要轻 用力勿猛
保持干燥 免受潮湿。
大力造林 发展生产
高州火柴厂出品

火柴使用方法
擦划要轻 用力勿猛
保持干燥 免受潮湿。
提高警惕
防敌破坏
高州火柴厂出品

火柴使用方法
擦划要轻 用力勿猛
保持干燥 免受潮湿。
预防疾病
讲究卫生
高州火柴厂出品

火柴使用方法
擦划要轻 用力勿猛
保持干燥 免受潮湿。
做好五防
保卫生产
高州火柴厂出品

火柴使用方法
擦划要轻 用力勿猛
保持干燥 免受潮湿。
练好本领
保卫祖国
高州火柴厂出品
火柴使用方法
擦划要轻 用力勿猛
保持干燥 免受潮湿。
高州火柴厂出品
火柴使用方法
擦划要轻 用力勿猛
保持干燥 免受潮湿。
学好毛著
提高觉悟
高州火柴厂出品

1965年西安中南火柴厂发行的女民兵卷招火花。生动形象地诠释了毛泽东的“中华儿女多奇志，不爱红装爱武装”的诗词中女民兵操枪习武的飒爽英姿。

西安女民兵
西安
XI AN
公私合营中南火柴厂
中华儿女多奇志
不爱红装爱武装

西安
XI AN
公私合营中南火柴厂
中华儿女多奇志
不爱红装爱武装

援越抗美

1964年8月5日，美帝国主义借口美国军舰在北部湾越南沿海遭到北越海军的攻击，出动大批飞机入侵越南北方领空进行狂轰滥炸。不仅如此，还派出地面部队伺机进入南越参战。美国蓄意制造的这一“北部湾事件”，其狼子野心就是取代法国殖民统治，扶植西贡傀儡政权，阻挠越南南北统一，最终使越南沦为美国的殖民地和军事基地。

中国政府对于美国对越南的侵略行径发表严正的声明，指出中国人民决不会坐视不救，在北京及全国各地相继举行了声势浩大的集会游行示威。1965年10月，中国政府鉴于美国加速扩大侵越战争，应越南政府的要求，向越南派出了防空、工程、铁道、后勤保障等援越部队，同越南人民一起抗击美军空袭，帮助越南进行国防建设和经济建设，履行我国政府正义的诺言。至1968年3月止，先后赴越轮流参战的中国高炮部队和配属各援越工程支队的防空部队，共有16个支队，总计15万余人。在援越的3年零9个月期间，中国各高炮支队和各工程支队的防空分队，作战2153余次，击落美机1707架，击伤1608架，俘虏美军飞行员42名，沉重打击了美国侵略者。1968年11月1日，美军飞机停止轰炸和炮击北越。为了有利于谈判处于主动，经中越双方商定，中国援越部队于1969年3月之前分批返国，这是第一阶段的历史。（1972年5月9日，美军再次以越南在南方发动春季攻势为由，突然恢复对北越进行大规模轰炸，迫使我国继续进行援越抗美的史实将放在下一册中展述，在此就赘述了。）

有关“援越抗美”的火花。当时共有12家火柴厂都积极配合时势宣传，设计印刷了53套404种（枚），可以组编成一部小专题集展示。如1965年南海公益厂的纪念火花（普贴10枚/套×7印色、普贴12枚+大封标1枚/套×2印色、普贴12枚+大封标1枚/套），西安火柴厂的纪念火花（普贴10枚/套×1印色）等都是这一专题中的成功佳作。

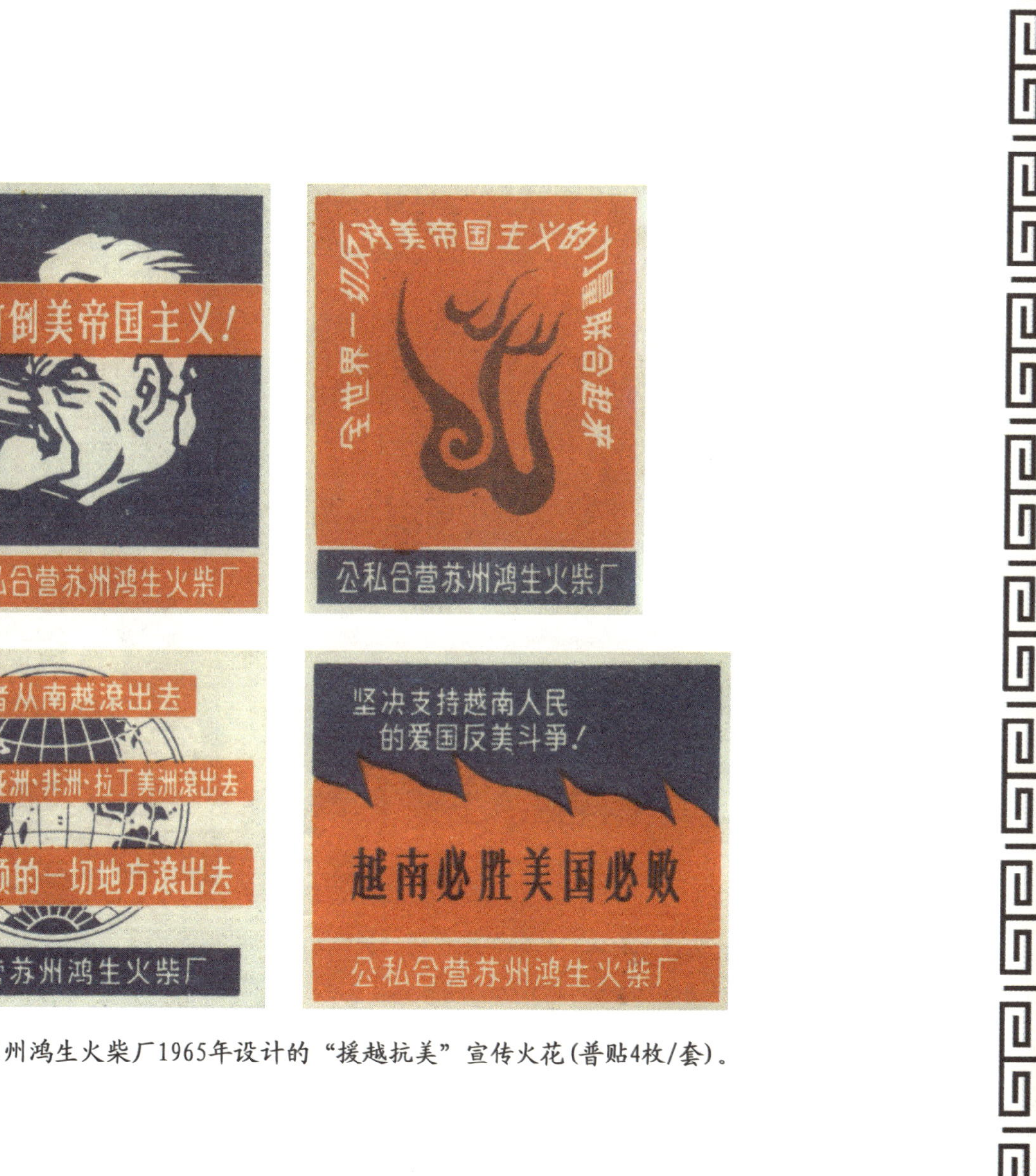

江苏苏州鸿生火柴厂1965年设计的“援越抗美”宣传火花(普贴4枚/套)。

广东湛江火柴厂1965年发行的“援越抗美”宣传火花（小窄贴3枚/套）。

浙江杭州火柴厂1966年生产的“越南必胜 美国必败”宣传火花（普贴10枚/套），这是其中图案主题特别鲜明的5枚。

广东南海公益火柴厂1965年设计的一套以木刻版画为表现形式的“越南必胜”火花（普贴12枚+大封标1枚/套×2色），全面展现了越南人民英勇顽强抗击美帝侵略的英雄形象，富有艺术感染力。

越南必胜
公益火柴厂

越南必胜
公益火柴厂

越南必胜
公益火柴厂

越南必胜
公益火柴厂

越南必胜
公益火柴厂

越南必胜
公益火柴厂

越南必胜
公益火柴厂

越南必胜
公益火柴厂

越南必胜
公益火柴厂

湖北武汉火柴厂1966年发行的“援越抗美”宣传火花(卷招12枚/套)，正标印宣传画，背标印毛主席语录，成为此题材火花中别具一格的佳作。

越南必胜 美帝必败
武汉火柴
毛主席语录
没有一个人民的军队，便没有人民的一切。
《论联合政府》
越南必胜 美帝必败
武汉火柴
毛主席语录
中国共产党是全中国人民的领导核心。没有这样一个核心，社会主义事业就不能胜利。
在接见青年团第三次全国代表大会代表时的指示
接替英雄的战斗岗位
越南必胜 美帝必败
武汉火柴
毛主席语录
谁是我们的敌人？谁是我们的朋友？这个问题是革命的首要问题。
《中国社会各阶级的分析》

越南必胜 美帝必败
武汉
火柴
毛主席语录
你们要关心国家大事，要把无产阶级文化大革命进行到底！
越南必胜 美帝必败
武汉
火柴
毛主席语录
领导我们事业的核心力量是中国共产党。
指导我们思想的理论基础是马克思列宁主义。
《中华人民共和国第一届全国人民代表大会第一次会议开幕词》
南方的来信
越南必胜 美帝必败
武汉
火柴
毛主席语录
凡是敌人反对的，我们就要拥护；凡是敌人拥护的，我们就要反对。
《和中央社、扫荡报、新民报三记者的谈话》

越南必胜 美帝必败
武汉 火柴
毛主席语录
农村是一个广阔的天地，在那里是可以大有作为的。
《在一个乡里进行合作化规划的经验》一文的按语
越南必胜 美帝必败
武汉 火柴
毛主席语录
我们这个队伍完全是为着解放人民的，是彻底地为人民的利益工作的。
《为人民服务》
越南必胜 美帝必败
武汉 火柴
毛主席语录
我们应当相信群众，我们应当相信党，这是两条根本的原理。如果怀疑这两条原理，那就什么事情也做不成了。
《关于农业合作化问题》

这是广东南海公益火柴厂1965年以漫画手法设计的“援越抗美”宣传火花（普贴10枚＋大封标1枚/套×7色）的试印样标，后因未获通过而夭折。是存世量极少的珍品，其升值空间大。

来者必惩
三圈牌火柴

狠击美国侵略者
三圈牌火柴

美帝，滚！
三圈牌火柴

三圈牌火柴

美国兵在南越
——草里藏的
三圆牌火柴
1965·6
19——19

美国兵在南越
三圆牌火柴

约翰逊的空中优势
三圆牌火柴

美国兵在南越
——天上飞的
三圆牌火柴

美国兵在南越
——地下跑的
三圆牌火柴
1965·6

越南人民
三圆牌火柴

这两枚是广东南海公益火柴厂又一套“援越抗美”题材火花的试印样标火花，极富收藏价值。

天津火柴厂1966年印制的“支援越南人民抗美救国的正义斗争”火花（卷招4×4色/套）。选取当年获奖的名版画家作品入图，雄浑、粗犷的木刻版画，再现了英勇顽强的越南军民坚决反击美帝侵略者的情景，他们那种宁死不屈的英雄气概和坚定、果敢、沉着的神采跃然在火花上。

支援越南人民
抗美救国的正义斗争
天津火柴

支援越南人民
抗美救国的正义斗争
天津火柴

安徽省安庆火柴厂1966年以剪纸形式表现“援越抗美”题材的火花（普贴8枚/套×2色）中的7枚。

这儿没有你的安全！
安庆火柴厂66

坚决赶走美帝侵略者
安庆火柴厂66

戳穿美帝纸老虎
US
安庆火柴厂66

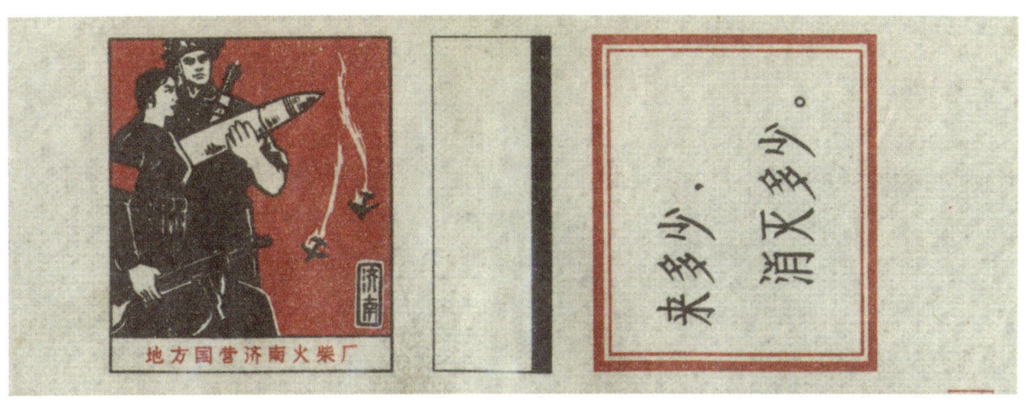

山东省济南火柴厂1965年印制的口号标语画“援越抗美”火花（卷招6枚/套）中的3枚。

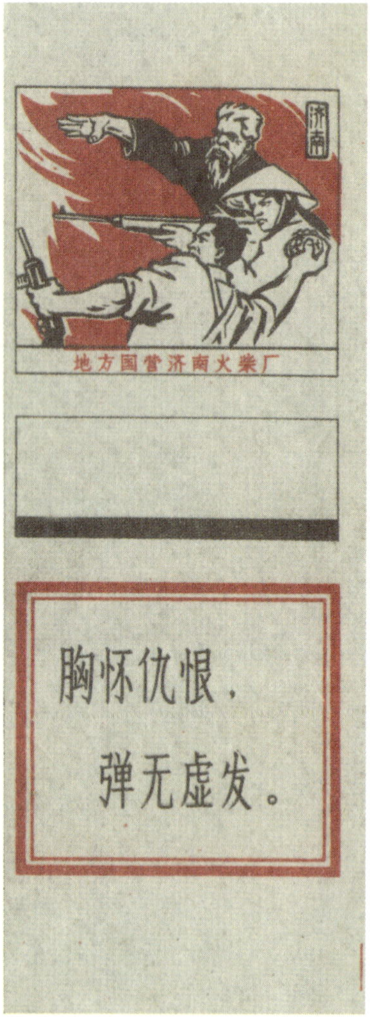
济南
地方国营济南火柴厂
胸怀仇恨，
弹无虚发。

南必胜
中越团结万岁
美帝必败
济南
地方国营济南火柴厂
越南必胜，
美帝必败。

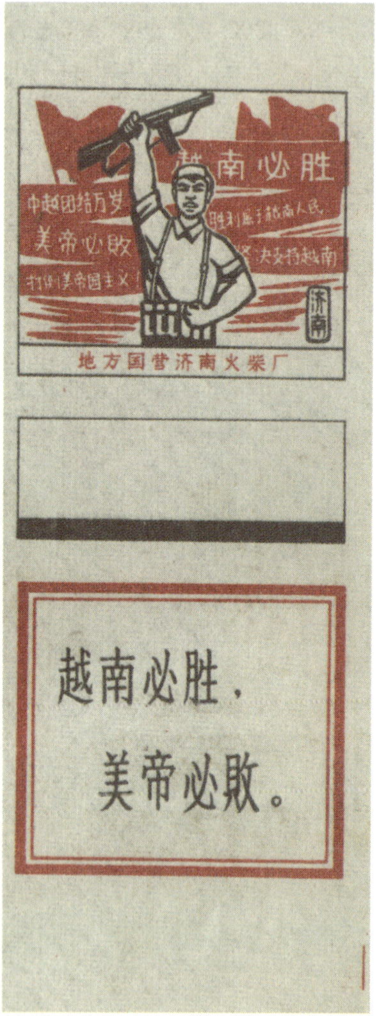

江苏省镇江火柴厂1969年设计的小贴和普贴各4枚/套中的一套普贴“援越抗美”宣传火花。

学英雄，学雷锋蔚然成风

建国初期到60年代，毛泽东、党中央在领导全国人民进行社会主义建设中，坚持和发扬政治思想教育的传统，在广大人民群众中开展忆苦思甜教育、社会主义教育，激发提高人们的政治觉悟，自觉加强思想改造，坚定走社会主义信念。同时注重树立先进典型，发挥榜样的影响力，对我国各时期涌现的英雄，特别是五六十年代的英雄先进人物，如刘胡兰、刘文学、董存瑞、罗盛教、黄继光、邱少云、安业民、向秀丽、雷锋、欧阳海、王杰、麦贤得、焦裕禄等等，党和国家领导人通过题词表彰，党政工团一齐抓，全国上下掀起了长盛不衰的宣传、学习英雄的活动，发动和引导全国人民，特别是青少年，以英雄人物为榜样，发扬忠于革命忠于党，舍己为人，大公无私的奉献精神。发扬立足本职、苦干实干、不求报酬、争做贡献的艰苦奋斗精神，培养和造就了一支奋发图强、勤俭建国、不怕苦不怕死、特别能战斗的队伍，学英雄不怕工作苦和累，愿把青春献人民蔚然成风。

在中国的历史上，正是这样一批时代的杰出英雄和先进人物，以其伟大的人格和瑰丽人生，温馨亿万人民，持久地激励熏陶了一代又一代的中国人去追求人生的价值。不仅在建国初期那个特定年代具有深刻的现实意义，其历史影响也是深远的。

这个时期的火柴厂设计印制了不少褒扬英雄的火花，形象地向人们展示了那是一个英雄辈出的年代，给人留下了深刻的印象，极具史料价值和欣赏价值。

江西火柴厂当年配合时政设计印制的富有教育意义的火花。

1965年值新中国成立16周年之际，为表达人民对为祖国的解放事业和建设事业而英勇献身的人民英雄的深切怀念，广东南海公益火柴厂特别设计了一套用铜版纸彩印的“人民英雄”的纪念火花（普贴10枚＋大封标1枚/套）；10枚普贴展现了刘胡兰、董存瑞、刘文学、向秀丽、雷锋、安业民、欧阳海、罗盛教、黄继光、邱少云（后来二版增印了王杰）等英雄的光辉形象，大封标图案为红旗招展的北京人民英雄纪念碑节日焰火盛放的夜景。全套火花寓意在欢庆国庆中不应忘记为祖国献身的人民英雄，贴用这套火花的火柴成为当时最畅销，最有影响的产品。

生的伟大
死的光荣
公益火柴厂

董存瑞
公益火柴厂

刘文学
公益火柴厂

向秀丽
公益火柴厂

雷鋒
公益火柴厂

安业民
公益火柴厂

欧阳海
公益火柴厂

羅盛教
公益火柴厂

黄继光
公益火柴厂

丘少云
公益火柴厂

王杰
南海火柴厂

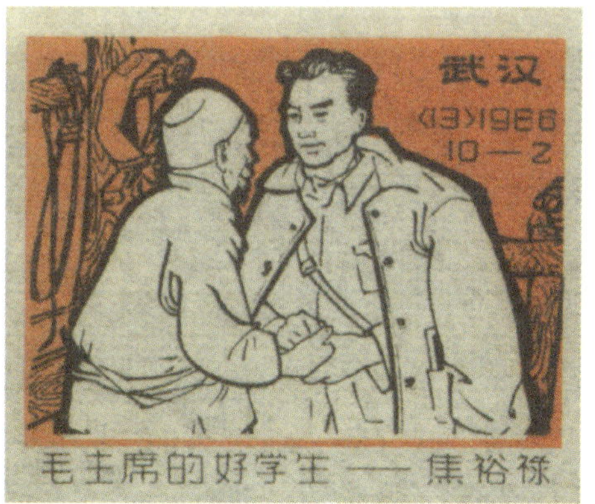

这个时期各地火柴厂还发行了不少王杰、麦贤得、焦裕禄等英雄形象的纪念火花。

学《毛著》与为人民服务

1964年7月14日，由人民出版社出版的《毛泽东著作选读》甲种本，和由中国青年出版社出版的《毛泽东著作选读》乙种本在全国各地出版发行。编入《毛泽东著作选读》的文章，都是毛泽东有关论述马克思主义的立场、观点作风和思想方法、工作方法的著作。其中有毛泽东著的《为人民服务》、《愚公移山》、《纪念白求恩》等“老三篇”文章，随即在全国掀起了一股学习毛主席著作的热潮。当时各地火柴厂为配合“学《毛著》，全心全意为人民服务”热潮宣传活动的开展相继精心设计了一批富有时代特色的火花，其中不乏佳作，如安阳火柴厂发行的16枚/套的“为人民服务”普贴火花，图案所选入的是列车服务员、清洁工人、托儿所阿姨、山村医生、饲养员、邮递员、水果服务员、医生、理发员、搬运工人、粮店营业员、老鞋匠、售票员、营业员、食堂服务员、流动货郎等形象，诠释了革命工作不分贵贱都是为人民服务的深刻含意，洪江火柴厂的“全国人民学毛著”火花从各个方面展现了工农兵群众学习《毛泽东著作》的情景。通过火柴销售，广泛传播，使到学《毛著》宣传深入千家万户，家喻户晓。

当时各地火柴厂设计的学《毛著》宣传火花，真实地记载了这段历史。

1966年湖南洪江火柴厂和成都火柴厂发行的宣传学《毛著》火花，展现了工农兵及各行业人民群众手捧红宝书认真学习《毛泽东著作》的情景。

洪江火柴

洪江火柴

洪江火柴

洪江火柴

成都火柴厂

陕西宁强火柴厂发行的“全国人民学《毛著》”火花图样（普贴5枚/套）。

云南腾冲火柴厂印制的宣传学《毛著》火花（普贴3枚/套）。

四川省名山火柴厂出品的“工农兵学《毛著》”火花（普贴3枚/套）。

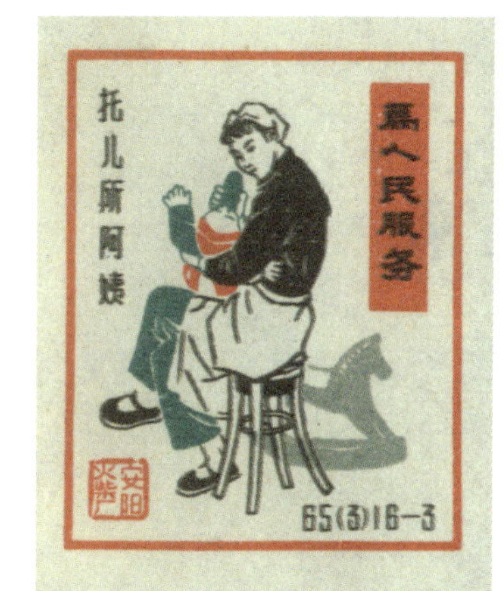

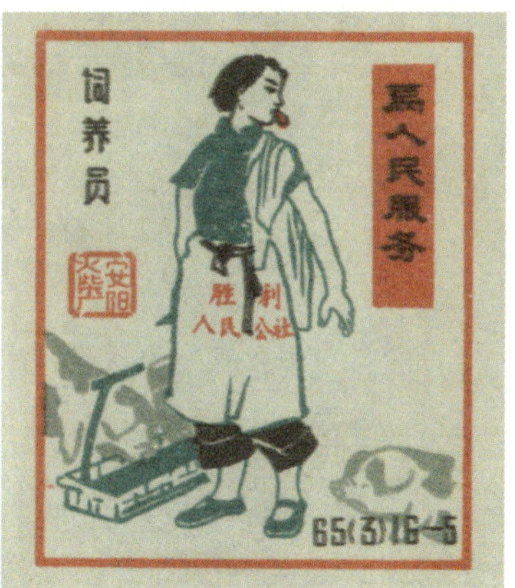

安阳火柴厂发行的“为人民服务”宣传火花（普贴16枚/套），图案所选入的是列车服务员、清洁工人、托儿所阿姨、山村医生、饲养员、邮递员、水果服务员、医生、理发员、搬运工人、粮店营业员、老鞋匠、售票员、营业员、食堂服务员、流动货郎等形象，诠释了革命工作不分贵贱都是为人民服务的深刻含意。

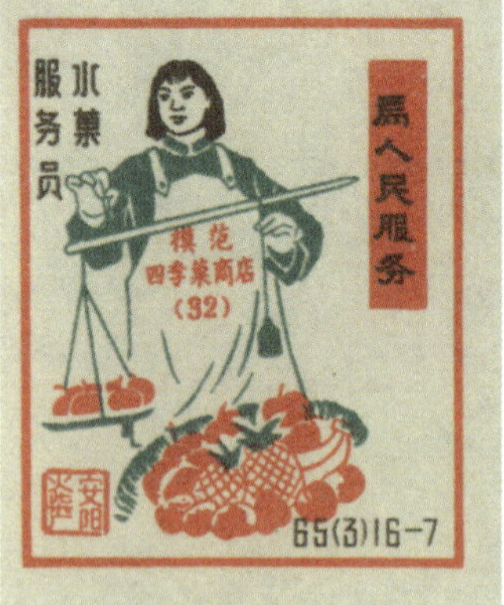
水果服务员
为人民服务
模范
四季菜商店
(32)
65(3)16-7

医生
为人民服务
65(3)16-8

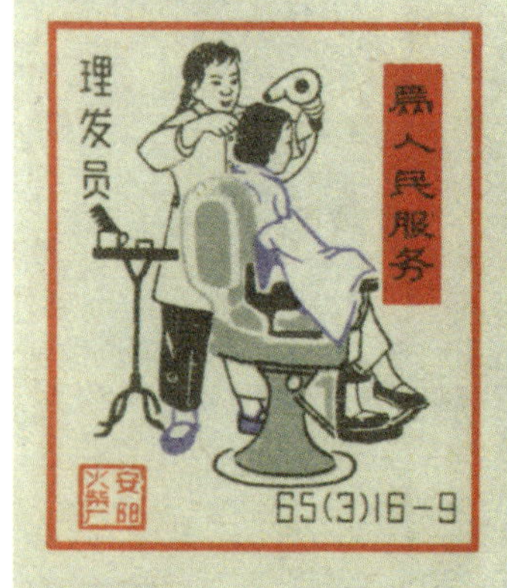
理发员
为人民服务
65(3)16-9

搬运工人
为人民服务
65(3)16-10

粮店营业员
为人民服务
65(3)16-11

老鞋匠
为人民服务

售票员
為人民服务
安阳火柴厂
65(3)16-13

营业员
為人民服务
安阳火柴厂
65(3)16-14

食堂服务员
為人民服务
五好食堂
安阳火柴厂
65(3)16-15

流动货郎
為人民服务
油
盐
安阳火柴厂
65(3)16-16

天津火柴厂当年选取华东地区优秀版画展获奖作品入图印制了一套“一心为革命”的火花（普贴4枚/套）。

河南省安阳火柴厂1966年发行的“工人”火花（普贴9枚/套），着重刻画了各行业工人的精神风采。

車工
65(2)9-3
河南省安阳火柴厂

电工
65(2)9-5
河南省安阳火柴厂

65(2)9-8
矿工
河南省安阳火柴厂

钢铁
65(2)9-1
河南省安阳火柴厂

65(2)9-4
纺织
河南省安阳火柴厂

65(2)9-7
河南省安阳火柴厂

电焊
65(2)9-8
河南省安阳火柴厂

编后语

火花又称火柴盒贴画，国外称火柴标签、寸磷票，它是艺术园地的奇葩，属世界五大集藏艺术品之一。火花设计艺术风格迥异，品种繁多，既有木刻版画、水墨画、油画，也有剪纸、摄影、书法、篆刻等等，可谓千姿百态，绚丽多彩。小小火花容纳大千世界，享有“百科全书”美誉，它具有传播知识功能；题材广泛，洋洋大观，无论历史沿革，还是风土人情；上至太空宇航，下至百川千山；乃至飞禽走兽、花草虫鱼、人物典故、民俗风情等皆浓缩于方寸之间；令人流连忘返，玩味其中，使人开阔眼界，长知识，悦情操。火花不仅仅是火柴盒的商标标记，还具有宣传教育功能，作为一种载体，把时间与空间、人物与事件结合，将历史上有意义有影响的重大事件和重要人物通过方寸画面呈现给世人，是历史的佐证。随着现代打火用具的普及，民用火柴日渐式微，国外已有近80%的国家关闭了火柴公司，我国的火柴厂也锐减了三分之二。由于火柴厂纷纷关闭，火花不可再生，已成绝版，特别是中外早中期火花（含“文革”及20世纪80年代前发行的火花），加之历经沧桑，自然流失大，存世量稀少，其升值潜力更大，因此使收藏火花成为一项收藏投资两相宜的高雅文化活动。

本人自9岁始集藏中外火花，在成功组编各类专题火花参与和举办了近百场次展览，撰写发表了600万余字的火花赏析文稿后，我们便萌生了用珍藏的中国火花去阐述我国的近、现代社会历史，编撰出版《流金岁月·火花图说中国历史》画册的念头。

十分感谢岭南美术出版社给予极大的支持和帮助，使这本《流金岁月·火花图说中国历史（1949—1965）》得以早日付梓出版。

新中国的火花，已逐步摆脱单纯商标记号的作用，它具有浓厚的民族风格，鲜明的中国特色，主题突出，形象地反映了社会时代风貌。特别是建国以来，在中国共产党的领导下，中国发生了天翻地覆的变化，其中有很多事件都在火花中有所体现。

这是一本奉献给人民大众的图书，通俗与大众化是我们在书中所体现的风格。旨在叙述中国历史故事的同时，推介火花文化所蕴含的深刻内涵，为人们提供一部反思性的图像证史。该书在编写中火花选取的原则是：一、建国以来的历史进程中具有意义和影响的重大的事件，依事件发生的先后顺序排列，以年代为序，本着尊重历史，尊重事实，客观地加以记述；二、遴选建国以来各地火柴厂各个时期配合宣传发行的经典火花作配图予历史佐证。编著过程中，得到国内众多专家、学者的指点和帮助，广东省人民政府参事、广东省收藏家协会主席陈少湘先生拨冗为本书作序，广东省人民政府文史研究馆馆员、广东省收藏家协会副主席黎展华先生题写书名，火花收藏家柯永兴、童跃先生给予热情支持，在此一并表示衷心的谢意。

囿于作者收藏质量和文化积累有限，该书在知识性、史料性和趣味性的结合上肯定存在不足之处。恳切祈望资深藏家和大众读者，在阅读之余给予批评赐教。

如果该书的问世，能为更多读者了解中国历史，能使更多的人走上集藏火花的道路，能为弘扬中华优秀文化贡献自己的一份光和热，将是我们最大的快乐和欣慰。

主要参考文献：

一、史志典籍类：

1. 夏东元：《二十世纪中国大博览》，吉林人民出版社，1994年。
2. 高凯等：《中共七十年》，中国国际广播出版社，1991年。
3. 新华通讯社国内资料组：《中华人民共和国大事记1949—1980》，新华出版社，1999年。
4. 晋夫：《文革前十年的中国》，中共党史出版社，1998年。
5. 张文、李艳：《口号与中国》，中共党史出版社，1998年。
6. 黄振炳：《走进火花世界》，中共商业出版社，2001年。
7. 庄汉新、郭居园：《中国古今大辞典》，警官教育出版社，1991年。

二、集藏文献期刊类：

1. 汪发根：《新中国火花目录》
2. 新加坡亚洲火花学会：《亚洲火花》
3. 广州火花协会：《广州火花》